新版 日米文化の特質

価値観の変容をめぐって

松本青也 著

研究社

はじめに

　1994年にこの本の初版を出してから20年になるが、その間に日本でもアメリカでもいろいろなことが起こった。2001年には、9.11同時多発テロが世界を震撼させたが、その決して許されない暴挙に沸き上がったアメリカ人の怒りは、世界を単純に正義と悪に二元化し、すべての正義が結集して悪への報復攻撃を始めようという衝動に短絡した。その背景には、アメリカこそが例外的に優れていて、世界の人が仰ぎ見る"a City upon a Hill"（＝丘の上の都市）[1]であるという思い込みと、他国と調和を図るよりも、自国のイデオロギーを世界最高のものとして押しつけようとする、謙遜とは対極の傲慢さがあった。そこからアメリカによる一極覇権構想という楽天的な戦略構想が生まれ、アフガン侵攻、さらにはイラク戦争を経て、現在のような反米ゲリラ活動の長期化、泥沼化につながっている。

　そして10年後の2011年には、今度は日本が東日本大震災に見舞われた。福島第一原発事故の最終報告をまとめた国会事故調査委員会は、東京電力や規制当局が対策を意図的に先送りしたとして、事故は人災だと指摘したが、その英語版報告書[2]に黒川清委員長はこう書いている。

> What must be admitted — very painfully — is that this was a disaster "Made in Japan." Its fundamental causes are to be found in the ingrained conventions of Japanese culture: our reflexive obedience; our reluctance to question authority; our devotion to 'sticking with the program'; our groupism; and our insularity. Had other Japanese been in the shoes of those who bear responsibility for this accident, the result may well have been the same. （＝認めなければいけないことは、今回の災害が、極めて残念ながら、「メイドインジャパン」であったことだ。根本的な原因は日本文化に根ざした慣習、つまり反射的に服従してしまうこと、権威には異議を唱えたがらないこと、計画の遂行に専念すること、集団主義、そして島国根性にある。もし今回の事故の責任を負う人たちが他の日本人だったとしても、結果は同じだっただろう）

これに対して外国のメディアは、人災と断定したことを評価する一方で、誰がミスを犯したかを特定していないと指摘、「文化によって行動が決まるのならば、誰も責任を取らなくてよい。問題は人がした選択」[3] だというような批判を寄せた。確かに外国の人から見れば、日本という集団ではなく、個人の責任が問われるべきだということになるのだろう。しかし、事故から2年半ほど経って検察当局が下した判断は、果たせるかな、刑事責任は誰にも問えないというもので、全員が不起訴となった。
　あの大津波による悲惨な災害が、日本文化の特質が一因となって引き起こされたとするなら、いったいその特質とはどんなもので、それをどう変えていくべきかという問題は、私たちに突きつけられている大きな課題である。しかし、その際に忘れてはならないのは、あの大震災が、普段の暮らしの中で忘れかけていた日本人の素晴らしさにも改めて気付かせてくれたことである。被災地の方々の勇気や節度、周りの人々の支援や献身。その姿のどれもが新鮮な感動を呼び起こしてくれた。
　家が流されたのに、残った店で無料でラーメンをふるまっていたラーメン屋さん。避難所で、4人家族なのに「分け合って食べます」と、3つしかおにぎりをもらわなかった人。商品が散乱している店で、落ちているものを律儀に拾い、黙って列に並んで買い物をしていたお客さん。「大丈夫？ 無理しないで」という奥さんのメールに、「自衛隊なめんなよ。今無理しないでいつ無理するんだ？ 言葉に気をつけろ」と返した自衛隊員。[4] こうした日本人の姿は、さまざまなメディアで海外にも伝えられ、世界中の人たちから賞賛の声が数多く寄せられた。
　これと対照的に、2005年8月、ハリケーン「カトリーナ」に襲われて市内の8割が水没したニューオーリンズでは、群衆による略奪が横行し、銃の撃

　1　清教徒で初代マサチューセッツ湾植民地知事 John Winthrop が説教（1630）の中で聖書から引用した表現。アメリカの原点となる理想像として、ケネディ、レーガン、オバマ大統領などもスピーチの中で使っている。

　2　The National Diet of Japan（2012）The official report of The Fukushima Nuclear Accident Independent Investigation Commission Executive summary. p. 9.
　〈http://warp.da.ndl.go.jp/info:ndljp/pid/3856371/naiic.go.jp/en/report/〉

　3　朝日新聞（2012年7月12日）

　4　prayforjapan.jp（編集）（2011）『PRAY FOR JAPAN──3.11 世界中が祈りはじめた日』講談社.

ち合いも起き、まるで戦場のようだと目撃者が語っている。[5] もちろん日本でも小さな犯罪はあったが、全体の風景はまるで違ったものだった。

　同時多発テロと大震災という2つの大災害が、はからずも日米文化のそれぞれの特質を改めて私たちに見せつけてくれたが、本書はその特質を、類書の多くにあるように断片的に取り上げるのではなく、両文化に特有の「文化変形規則（CTR: Cultural Transformational Rule）」を明確にすることで体系的にとらえようとするものである。

　まず序章で、その「文化変形規則（CTR）」という考え方を説明したあと、Ⅰ部の第1〜8章で日本とアメリカのCTRの違いをさまざまな角度から浮き彫りにし、Ⅱ部ではCTRをめぐる諸問題を扱う。具体的には、第9章で双方のCTRを有機的なつながりのある統一のとれた体系としてとらえながら、それぞれのCTR相互の関連と形成過程を考え、第10章で両国の宗教に対する意識の違いを取り上げ、第11章で日英語の衝突の場面でのCTRの働きと国際コミュニケーションのあり方を検討する。さらに教育の観点から第12章で英語教育とCTRのかかわりを考え、第13章で研究対象としてのCTRの課題を分析する。そして最後の終章でこれからの日米文化を展望したい。

　日米の文化をCTRのシステムととらえて、それぞれの特質を探ろうとする、このささやかな試みによって、言語文化や外国語教育の研究の進展に何らかの貢献ができれば幸いである。

5　朝日新聞（2005年9月1日）

目　次

はじめに　iii

序　章　文化変形規則（CTR）とは……………………………………　1

Ⅰ部　日米の文化変形規則（CTR）

第1章　文化変形規則　『謙遜志向』対『対等志向』………………　8
　〈へりくだり〉と〈自尊心〉……………………………………………　8
　〈タテ〉と〈ヨコ〉………………………………………………………　12
　〈愚妻〉と〈ベター・ハーフ〉…………………………………………　13
　〈畏敬〉と〈親しさ〉……………………………………………………　15
　文化変形規則（CTR）の衝突例………………………………………　17

第2章　文化変形規則　『集団志向』対『個人志向』………………　23
　〈皆と一緒〉と〈ひとり〉………………………………………………　23
　〈町内会〉と〈ボランティア〉…………………………………………　27
　〈他律〉と〈自律〉………………………………………………………　29
　〈隠し事〉と〈プライバシー〉…………………………………………　31
　〈恥〉と〈罪〉……………………………………………………………　33
　〈同質〉と〈異質〉………………………………………………………　35
　文化変形規則（CTR）の衝突例………………………………………　36

第3章　文化変形規則　『依存志向』対『自立志向』………………　38
　〈人〉と〈H〉……………………………………………………………　38
　〈甘え〉と〈自助〉………………………………………………………　40
　〈可愛がる〉と〈育てる〉………………………………………………　43
　〈優しさ〉と〈強さ〉……………………………………………………　44

文化変形規則（CTR）の衝突例 …………………………………… 45

第4章　文化変形規則　『形式志向』対『自由志向』 …………… 47

　　〈型〉と〈自由〉 ………………………………………………………… 47
　　〈標準〉と〈多様性〉 …………………………………………………… 49
　　〈型〉と〈中身〉 ………………………………………………………… 50
　　〈模倣〉と〈独創〉 ……………………………………………………… 53
　　〈画一〉と〈個性〉 ……………………………………………………… 54
　　〈定型〉と〈変化〉 ……………………………………………………… 56
　　〈規律〉と〈法律〉 ……………………………………………………… 56
　　文化変形規則（CTR）の衝突例 …………………………………… 59

第5章　文化変形規則　『調和志向』対『主張志向』 …………… 61

　　〈曖昧にする〉と〈はっきりさせる〉 ………………………………… 61
　　〈婉曲〉と〈率直〉 ……………………………………………………… 65
　　〈隠す〉と〈表す〉 ……………………………………………………… 67
　　〈建前〉と〈本音〉 ……………………………………………………… 69
　　〈引く〉と〈押す〉 ……………………………………………………… 70
　　〈適応する〉と〈こだわる〉 …………………………………………… 71
　　〈義務〉と〈権利〉 ……………………………………………………… 73
　　文化変形規則（CTR）の衝突例 …………………………………… 75

第6章　文化変形規則　『自然志向』対『人為志向』 …………… 78

　　〈自然のまま〉と〈自然に手を加える〉 ……………………………… 78
　　〈待つ〉と〈行動する〉 ………………………………………………… 82
　　〈エスカレーター〉と〈階段〉 ………………………………………… 83
　　〈静〉と〈動〉 …………………………………………………………… 84
　　〈感情主導〉と〈論理主導〉 …………………………………………… 85
　　〈なる〉と〈する〉 ……………………………………………………… 86
　　文化変形規則（CTR）の衝突例 …………………………………… 87

第7章　文化変形規則　『悲観志向』対『楽観志向』 …………… 90

　　〈けなす〉と〈ほめる〉 ………………………………………………… 90

〈否定〉と〈肯定〉………………………………………………… 92
〈無事〉と〈楽しみ〉……………………………………………… 93
文化変形規則（CTR）の衝突例………………………………… 96

第8章　文化変形規則　『緊張志向』対『弛緩志向』……… 98
〈まじめ〉と〈ジョーク〉………………………………………… 98
〈頑張る〉と〈Take it easy〉…………………………………… 101
〈努力〉と〈能力〉………………………………………………… 105
〈なまけ〉と〈ゆとり〉…………………………………………… 105
〈根性主義〉と〈合理主義〉……………………………………… 106
文化変形規則（CTR）の衝突例………………………………… 107

Ⅱ部　文化変形規則（CTR）をめぐって

第9章　CTRシステム……………………………………………… 112
〈日本のCTRシステム〉………………………………………… 112
〈個人におけるCTRの形成〉…………………………………… 114
〈日本のCTRシステムの形成過程〉…………………………… 123
〈アメリカのCTRシステム〉…………………………………… 127
〈アメリカのCTRシステムの形成過程〉……………………… 128

第10章　宗　　教…………………………………………………… 130
〈アメリカの宗教〉………………………………………………… 130
〈日本の宗教〉……………………………………………………… 132
〈宗教の機能〉……………………………………………………… 133
〈宗教の功罪〉……………………………………………………… 137
〈死について〉……………………………………………………… 139

第11章　日英語の衝突とCTR…………………………………… 141
〈日本人にとっての英語〉………………………………………… 141
〈便利か、そして平等か〉………………………………………… 147
〈日本人の国際コミュニケーション〉…………………………… 148

第 12 章　CTR と学校英語教育 ………………………………… 158
　I. 学校英語教育の盲点 ………………………………………… 159
　II. 言語教育の再構築 …………………………………………… 166
　III.「異質なものに触れさせる」学校英語教育 ……………… 169

第 13 章　研究対象としての CTR ……………………………… 175
　〈CTR 研究の困難点〉 …………………………………………… 175
　〈CTR 研究のための 5 つの条件〉 ……………………………… 180
　〈CTR 研究の意義〉 ……………………………………………… 183

終　章　日米文化のゆくえ ………………………………………… 185

おわりに　193
索　　引　195

序　章

文化変形規則（CTR）とは

　さっきまで筆者とカフェテリアで冗談を飛ばしながらおしゃべりをしていたアメリカ人学生は、別れ際、筆者に"Take it easy, Seiya!"と声をかけた。「え？」と思いながらも、そのときは"See you, Paul."と返して別れたが、どうして「気楽にやりなよ、青也」などと言ったのか心に引っかかった。別に深刻な相談をしていたわけでもなく、悩みを聞いてもらっていたわけでもない。そこで、何日か経って、また別れるときに彼が"Take it easy, Seiya."と言ったとき、引き留めて、どうしてそんなことを言ったのかとたずねてみた。すると今度は彼が一瞬考え込んでから、別に何の意味もなく、ただ"Goodbye."と同じ意味だと言う。恥ずかしながらそんな用法を知らなかった筆者は、何だそうだったのかと言って別れたが、30年あまり前のこの小さなできごとが、日米文化の違いについての研究を始めるきっかけとなった。

　同じような別れの場面で日本人の筆者が多用するのは「頑張ってね！」である。ところが、それと「気楽にね！」は、緊張と弛緩という、まるで逆の意味になる。同じ人間で、同じような場面なら、心の底では同じようなことを感じたり思ったりしているはずなのに、文化が違うだけで表現される言葉や振る舞いはこんなに違ってしまう。この現象をうまく説明できないかと考えて思いついたのが、「文化変形規則」という概念だった。

　言葉について言えば、単に事実を客観的に表現するだけなら、その言語の文法規則と語彙だけで文を作ることができる。しかし私たちが実際口にする言葉は、それだけでは作り出せない場合が多い。いわゆる「決まり文句」である。紹介するときに言う「こちらは僕の大学時代の友人の○○さんです」は、事実をもとに文法規則と語彙だけで作り出すことができても、「初めまして」は出てこない。「（最近ゴルフを）始めまして…」とは違うのである。「決

まり文句」は記憶によってしか作り出せない定型表現なのである。しかし、表1で分類したように文法規則と語彙だけでは作り出せない表現にはもう1種類あるのではないだろうか。つまり言いたいことを表現する際に、その人の持つ変形規則によって変形されてしまう表現である。こうした変形が、ある集団の間で共通して行われるとすれば、それは、その集団の文化特有の変形であると言うことができる。その変形規則を筆者は「文化変形規則(Cultural Transformational Rule, 略称CTR)」と名付けた。[1] この場合の「文化」とは、ある集団に属する人たちが共有する信念や価値観の体系を意味している。

表1. 言語表現の創出

事実表現	語彙＋文法規則	創出可
変形表現	語彙＋文法規則＋**文化変形規則(CTR)**	創出不可
定型表現	記憶	

　例えば旅先で見つけたお土産を目上の人に渡すとき、日本人なら「つまらないものですが、どうぞお納めください」と頭を下げながら言ったりする。このとき働くCTRは、年齢や地位を重視するという規則や、へりくだろうとする規則などであろう。一方、それがアメリカ人なら、逆に年齢や地位を度外視しようとする規則と、楽しさを強調しようとする規則が働いて"Here is something nice for you. I hope you'll like it."(直訳すれば「あなたへのいいものです。気に入ってくれることを望みます」)などと、ニッコリ笑って言ったりする。深層の気持ちは同じでも、表層の発話はまったく違ったものになる。そしてこうしたCTRは、言葉以外に振る舞いなどの行動にも適用される。
　また反対に、表層の発話や行動が同じでも、それぞれが違うCTRの適用を受けたもので、深層で意図したものはまったく違っていることがある。例えば、別れ際にアメリカ人に"Take it easy."と言われ、日本人に「気楽にね」と言われたとしよう。この2つの表現は表層ではまったく同じだが、それぞ

---

[1] Matsumoto Seiya (1984) Cultural Transformational Rules. *Journal of Nanzan Junior College*, No.12.

れが伝えようとする気持ちはまったく違う。アメリカ文化には力を抜いて気楽にやろうとするCTRがあるので、別れる相手に望ましい状態を期待しようとしてほとんど無意識にこの表現が出てくる。前述したように、"Goodbye."と同じで、特に何も意味しない表現だ。ところが日本には、アメリカとは逆に、むしろ力を入れて頑張ろうとする正反対のCTRがある。それにもかかわらず日本人が別れ際に「頑張ってね」ではなく「気楽にね」と言ったとしたら、相手に力が入りすぎているので、その過度の緊張を本気で心配しているのだ。

　ある集団が持つ、こうしたCTRは、その集団の中では当たり前のこととして、ほとんど常に無意識に適用され、それに反した言葉や行動は、その集団の他の構成員たちから異常な言動、無教養の表れと受けとられる。そして自文化のCTRから外れたそうした言動が、他の文化の中では異常でも無教養でもないことを知ったときに、初めて自文化のCTRを意識的に、客観的にとらえることができるのである。

　この深層、表層、および変形規則という考え方については、チョムスキーの変形生成文法の考え方がヒントになった。彼は、人間が使う言語の普遍的な構造が深層にあり、それが個々の言語特有の変形規則の適用を受けてさまざまに違う具体的言語として表層に表れると考える。その図式が、文化的な発話や行動にも当てはまるのではないかと筆者が考えたところから、図1のような、ある集団特有の「文化変形規則（CTR）による変形」という考え方が生まれた。

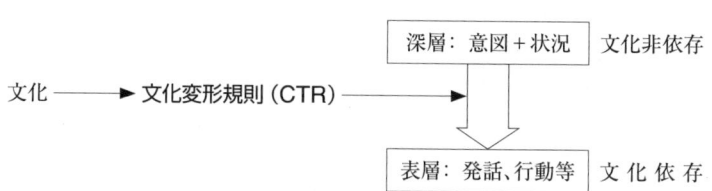

図1．文化変形規則（CTR）の機能

　集団については、図2のように、人類と個人を両極とした逆三角形のスペクトルが考えられる。集団が人類全体の極に近づけば近づくほど、その集団の文化は人類共通の人間性に近いものになり、CTRもすべての人間に当てはまる普遍的なものに限られてくる。例えば、おそらくどんな大人でも、2歳くらいの子供に何か質問するときには、深層で意図する質問内容が同じでも、

表層では大人にたずねるときとは違う発話になるだろう。これは「小さな子供にはやさしく、わかりやすく話しかけるべきだ」という、人類共通の変形規則が適用されるからである。あるいは、見知らぬ場所に来て「状況を把握しよう」と深層で意図したとき、人間ならまず「視覚で認識しよう」という、人間特有の変形規則が働いて「見まわす」という表層の行動が生まれる。ところが犬ならば「嗅覚で認識しよう」という、犬特有の変形規則が働いて「嗅ぎまわる」という表層の行動が生まれるのかもしれない。

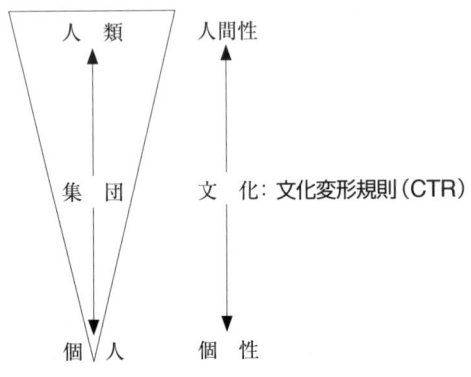

図2. 集団と文化変形規則（CTR）

　一方、集団が個人の極に近づけば近づくほど、その集団の文化は個人の個性に近いものになり、CTR も少数の人間だけに当てはまる多種多様なものになってくる。例えば、来客を迎えたとき、どの家族にも独特なもてなし方があるが、その際の特徴的な発話や行動は、その家族という集団が共有する変形規則の適用を受けたものであると言える。そして個人のレベルになってしまうと、変形規則はその人の個性そのものとなり「あの人らしい」と言われるような発話や行動は、すべてその人特有の変形規則によって生み出されることになる。

　集団の中身については、いろいろな括り方が考えられる。人間を性、年齢、職業、学歴、収入、宗教、政治形態、民族、国、風土などで分ければ、それぞれの集団には特有の文化があり、CTR が存在すると言える。本書では、日本とアメリカという、2つの国家集団を取り上げ、その各々に特有な価値観から生まれた CTR を扱うが、その集団はこのスペクトラム全体から見れば、中ほどの位置にある。

自分の文化とは異なる文化の中で育った人たち特有の異質な言葉や振る舞いから、その文化特有の CTR を見つけ出し、自文化のそれと比較することの意義は大きい。まずそれは自分自身がいつも無意識に適用している自文化の CTR に気付かせてくれる。そしてそれとはまったく違う CTR を知ることで、思考の幅を大きく広げることができ、自分の考え方や生き方をより自由に伸びやかにすることができる。まさに新しい文化の創造である。さらにそうした CTR の相対性に気付くことで、相手の異質さに寛容になり、異文化間コミュニケーションが円滑に進んで文化摩擦の解消にも大いに役立つことは言うまでもない。

ただし、ここで念のために言っておきたいことは、この CTR は自然科学の法則のようなものではないということである。本書の中では「日本人は…」とか「アメリカ人は…」とか断定的な言い方をしているが、もちろんどちらかの文化に属する人すべてが、いつでも必ずその文化特有の CTR に従って行動すると考えているわけではない。どちらにも、むしろ他方の文化特有の CTR に従って行動しているような人も大勢いる。本書で比較していることは、それぞれの文化の全体的傾向、つまりそれぞれの集団にアンケートをとれば 10 人のうち 6 人以上の割合で「はい」と答えるであろうというほどのことである。多いか少ないかの「程度」の問題なのである。人間の価値観は、細かく見れば人によって千差万別で、しかもその時々の気分で刻々と変化もする曖昧なものである。したがって人間集団全体の価値観や振る舞いを語るときには、巨視的にそれをとらえて話を進めなければならない。文化の中に混在する細かな差異にこだわってしまうと、確かに存在する文化全体としての特質を見失ってしまうからだ。1 本 1 本の木の違いにこだわって森全体を見ないのではなく、明らかに異質な森全体の姿から、木そのものの異質さに迫ろうとするのが本書の姿勢である。

I 部
日米の文化変形規則(CTR)

第1章

文化変形規則
『謙遜志向』対『対等志向』

　日本文化には、〈へりくだり〉を美徳とする**『謙遜志向』**の文化変形規則（CTR）がある。お辞儀をするのも、妻を〈愚妻〉と呼ぶのも、〈タテ〉に並べて上にいる相手への〈畏敬〉を表す手段である。一方、アメリカ文化には、相手と親しく対等であると考えようとする**『対等志向』**の文化変形規則（CTR）がある。自分に〈自尊心〉を持ち、自分の妻も〈ベター・ハーフ〉と呼んだりする。相手とは常に〈ヨコ〉に並んで対等なので、〈親しさ〉を強調して握手をする。

〈へりくだり〉と〈自尊心〉

　2013年3月28日、デトロイトからフロリダに飛び立つ直前にCA（＝客室乗務員）が機内をチェックしていたときのことである。筆者の席の後方で、CAが乗客の男性と座席の背面を立てるかどうかで言い争いをしている声が聞こえた。そして突然CAが叫んだセリフが機内に轟いた――"Get out of here! Leave the plane!"（＝出て行って！ 飛行機を降りなさい！）。あまりの剣幕に男性客は沈黙。何事もなかったように飛行機は離陸した。やがて着陸態勢に入ったときに、そのCAがマイクをとってこう言った――"We hope you found our service excellent."（＝皆様に私たちのサービスが素晴らしいと思っていただけたことを願っています）。これには思わず笑ってしまった。「サービス」について、日本とはまるで考え方が違うのだ。

　相手を敬い、自分を低く評価する謙遜のCTRは、日本文化に深く根ざしていて、日常の言葉遣いにも行き渡っている。2011年に文化庁が全国の16

歳以上約 3500 人を対象に実施した「国語に関する世論調査」[1] によると、日頃、言葉遣いで心がけていることとして、最も多い 73.5% の人が「相手や場面に応じて敬語を使う」を選び、その割合は 10 年前の調査結果の 58.0% よりむしろ増加している。

　敬語は言うに及ばず、無意識に使う言葉にも、へりくだる気持ちが随所に表れている。例えば、相手に呼びかけるときに「先生」「先輩」「お兄ちゃん」などとは言うが、そう言われたほうが「なに？ 学生」「なに？ 後輩」「なに？ 弟」とは言わない。常に「相手が上で、自分は下」と謙遜することがルールなので、相手を見下すような言い方は「上から目線」としてルール違反となる。家族の中で一番小さな者の立場で呼びかけるのも同じ感覚だ。子供ができると「あなた」は「お父さん」や「パパ」になり、年下の妻も「お母さん」や「ママ」になる。親が小学生の息子を「お兄ちゃん」と呼んだりするのも、一番下の幼稚園児の弟の立場にまでへりくだっているからである。常に「相手が上で自分は下」なので、相手が自分に行う動作は「〜して下さい」「〜して下さる」「〜して頂く」となり、逆に自分が相手にする動作は「〜して上げる」「〜して差し上げる」などと、上下関係を明示する表現になる。

　日本語を習い始めたアメリカ人は、日本語に 2 人称代名詞の"you"に当たる言葉がないことに驚く。そして、日本人が相手をどう表せばいいのかわからなくて困ることがあると知るとさらに驚く。かなり目上の人に「あなた」や「〜さん」では、馴れ馴れしい。そこで先生でもないのに、医者でも弁護士でも議員でも小説家でも漫画家でも、「先生」と呼んでしまうが、「この人の職業は先生ではないし…」と考えてしまうと、どう呼べばいいかわからなくなる。英語なら、相手が小学生だろうが大統領だろうが、常に"you"が使える。

　日本人は、相手を表す言葉に以前から苦労してきた。相手への敬意を表そうとして、それにふさわしい言葉を使い始めると、やがてそれが普及して誰に対しても使うようになり、それにつれてそれほどの敬意が感じられなくなって、ついには少し馬鹿にしたような表現になってしまうこともある。例えば、「お前」である。今でこそ「お前」と言われると馬鹿にされたような気がするが、「御前（おんまえ、おまえ）」という漢字からもわかるように、"you"な

1　文化庁（2012）「平成 23 年度『国語に関する世論調査』」
〈http://www.bunka.go.jp/kokugo_nihongo/yoronchousa/h23/pdf/h23_chosa_kekka.pdf〉

どと相手を直接指すような失礼なことはせず、方向や位置を表す言葉で代用しようとした。江戸の中頃までは、さらに丁寧な「御前様（おまえさま）」などという表現も含めて、相手への敬意を込めた言葉であった。その当時のセリフである、「おまえ百まで、わしゃ九十九まで」を、おじいさんとおばあさんのどちらがどちらに言った言葉かと聞くと、ほとんどの学生は、おじいさんがおばあさんに言ったと答えるが、実はその逆で、おばあさんがおじいさんに敬意を込めて言ったセリフなのである。

「お前」だけでなく「あなた」も同じ経緯をたどろうとしている。「あなた」を辞書で調べてみると、漢字では「彼方・貴方」とされているが、これは本来、自分や相手から遠いところを指す言葉で、そこから第三者を敬って指す言葉に転用され、それが近世以後になって、さらに目の前の相手を敬って指す語に転用された。そして今では、対等、もしくは下位の者に使う言葉になってしまった。「貴様」や「貴公」も同じような経緯をたどってきた。十分な敬意が込められていて、しかも英語の"you"と同じように機能する言葉は、やはり見つからないのが、現在の日本語である。

日本文化にどっぷり浸かっていると気が付かないが、私たちの古くからの言語行動を少し客観的に考えてみると、この謙遜のCTRはすみずみに浸透している。自分の住所氏名など、封筒の表に書けるような立派なものではございません、というわけで裏に書く。大勢の人を前にしたスピーチでは、「僭越ではございますが、…」、「お聞き苦しいところがあるかもしれませんが、…」、「急なご指名で何を話していいかわかりませんが、…」と最初に謙遜してへりくだる。工事現場の看板では、作業服のおじさんが「この先工事中、ご迷惑をおかけします」と頭を下げている。書道展の案内状では「ご高覧の上、ご叱正賜りますよう…」と書き添えて、見せる前からいきなり叱ってくださいと頼み込む。手紙の中身でも「乱筆乱文」と自分でけなしたうえで、「御免下さい」と謝ってしまう。身内を愚妻、豚児とけなしたりするのはご愛嬌だが、年賀状などに書く「ご鞭撻の程を」は何とかならないだろうか。知らないで書いているのかもしれないが、「鞭」はムチ、「撻」はムチで打つことである。お正月早々、今年も私をムチで打ってくださいなどと言うのは、まるで変質者の挨拶だ。

へりくだりは、言葉だけでなく、態度にも表われる。おなじみの選挙運動の風景。宣伝カーから女性候補者の絶叫が聞こえてくる。「微力な○○○○ではございますが、どうぞよろしくお願いいたします！」。微力な人を議員に選

んでも仕方がないとはだれも考えない。むしろほとんどの聴衆は、へりくだった候補者の態度にかすかに好感を覚えるのである。演説会の壇上で土下座までする候補者もいる。候補者の妻もひたすら低姿勢で、「よろしくお願いします」と頭を下げるばかりだ。相手を畏れ敬い、へりくだるのが好ましいというCTRが日本人に染みついている。

　アメリカでは頭を下げたりはしない。ブッシュ大統領を次期大統領候補に指名する1992年8月の共和党全国大会で演壇に立ったバーバラ夫人は、子供や孫を紹介したうえで「夫を大統領候補に指名することは最高の選択だ」[2]と言った。オバマ大統領を次期大統領候補に指名する2012年の民主党全国大会でも、最後に壇上に立ったミシェル夫人は、「すべての息子や娘たちによりよい世界を残したければ、私の夫、バラク・オバマ大統領のために、もう一度結束しなくてはならない」[3]と訴えた。自分も夫も子供も、そして聴衆も、すべて対等で尊敬すべき存在である。何という違いだろう。

　アメリカでは尊敬を目上の者にではなく自分に向けた"self-respect"という言葉が、いい意味でよく使われる。自分を尊敬することは良いことなのである。ほめられれば日本人のように否定しないで"Thank you for saying that."(=そう言ってくれてありがとう)とか"Thank you for the compliment."(=ほめてくださってありがとう)と素直にお礼を言う。しかし"self-respect"をそのまま日本語に置き換えて「自尊」とすると、「自ら尊大にかまえること。うぬぼれること」(『広辞苑』)という悪い意味になってしまう。だからほめられても、「いやいや」と否定しなければならない。逆にアメリカ人は、面接試験のときなども自分が最も優秀な人物であるかのように売り込む。国民全体としてもそうだ。大統領はことあるごとに"America is the greatest."(=アメリカは最も偉大である)と繰り返す。国民は小さな頃から何度も"America has no equal."(=アメリカに匹敵する国はない)と教え込まれる。

　2009年に英誌 The Economist が、自国に信頼、賞賛、尊敬、誇りを感じているかについて33か国で意識調査したところ、1位がオーストラリアで、日本は最下位だった。[4] アメリカは11位と意外な低さだったが、調査をしたのがリーマン・ショックの直後で、不景気のためだろうと同誌は分析している。それはともかく、日本人がこれほど自国を低く評価しているのは、謙遜

2　朝日新聞(1992年8月20日)

3　朝日新聞(2012年9月5日)

4　*The Economist* (2009) National pride.〈http://www.economist.com/node/14536817〉

のCTRとは別に、内面に秘めているべき自信や誇りがないからなのだろうかと心配になる。学校教育などで日本文化や日本の技術などの素晴らしい点を正当に評価する場面が必要なのではないだろうか。

〈タテ〉と〈ヨコ〉

　相手と自分とのタテ軸上の関係や状況で言葉や振る舞いにさまざまな微調整を必要とする日本のCTRと違い、アメリカのCTRは、年齢や地位などに差があっても、それを度外視して対等な立場をとろうとする。タテの関係にある現実を無視して、努めてヨコの意識を持とうとするのである。それは相手を尊敬しないということではなく、誰でも基本的には同じように尊敬されるべきだという考え方からきている。だから日本人以上に相手をほめはしても、相手より自分が劣っている、とへりくだる「謙遜の美徳」はほとんど見当たらない。気持ちのうえで、年寄りと子供以外は皆対等な"adult"（＝大人）同士である。だからこそ40代の大統領や20代の大学総長が誕生する。

　英米の小説などを読んでいても、日本の小説のようにセリフから年齢や性別や地位の関係をすぐに読み取ることは難しい。家族の中でも子供同士は基本的にヨコの関係であって、"brother"や"sister"には長幼の情報は入っておらず、それを表すには"big"や"younger"などを付けなければならない。ところが日本では双子でも長幼を区別する。出生届では、生まれた時刻をもとに「父母との続き柄」欄に長女、次女などと区別しなければならない。「おじ」「おば」でも、父や母との年齢の上下によって「伯父」「叔父」、「伯母」「叔母」と区別して書く日本人の感覚は、アメリカ人にはとうてい理解できまい。

　日本では、タテ軸のうえで相手がどれくらいの位置にいるかで、どの程度の敬語を使い、どれ位へりくだる必要があるかが決まってくる。そのために初対面の人と出会ってお辞儀をしてからは、まずその情報を得ることが何より必要となる。そこで登場するのが詳しい肩書き付きの名刺である。日本人の出会いは常に名刺の交換から始まる。

　肩書きの次に必要なのが年齢についての情報である。日本では年を取っただけで地位も給料も上がる場合が多く、高齢であることは値打ちがあることである。相手の年齢が不明だと、どうも話しづらい。そこで、頃合いを見計らって「ところでおいくつでいらっしゃいますか？」とズバリ聞いたり、少

し間接的に「昭和何年の生まれでいらっしゃいますか？」とか「干支はトラですか？」とかたずねて情報を仕入れるのである。自分より年上だとばかり思っていた相手が年下だとわかると、とたんに緊張がほぐれて言葉遣いが変わってきたりする。一方、アメリカでは日本ほど年齢が話題にはならない。それは年齢を気にしていないからではなく、年齢をたずねることがたとえ男性同士でも失礼なことだからである。日本と違って年を取るだけでは給料も上がらず、尊敬の対象にもならない文化の中では、若さこそが貴重で、年を取っていることはむしろマイナスの要素とされるからである。

〈愚妻〉と〈ベター・ハーフ〉

　人間関係を常にタテ軸のうえで考えようとする日本の CTR は、男と女もヨコではなくタテに置いてしまおうという点で、男尊女卑という考え方を間接的に支えてきた。日本の夫は妻を「愚妻」と呼ぶことがあるが、妻から「愚夫」とは呼ばれない。アメリカの年配の男性は、くだけた調子で奥さんのことを"better half"と呼ぶことがあるが、文字通りカップルのうちの「より良い半分」と呼ぶわけで、日本の「愚妻」とは正反対である。

　日本にはまだ、夫が言うことに妻が従う「夫唱婦随」という感覚が根強く残っているので、小さな子供がいても、夫が家庭を離れて長期の単身赴任をすることになれば、妻はおとなしく従って、一人で家庭を守らなければならない。アメリカではまず考えられないことである。

　漢字を学んでいるアメリカ人の女性が「未亡人」という漢字を見て「夫亡人」の間違いではないかと言ったと言う。「夫が亡くなってしまった人」という意味では、なるほど夫亡人が正しい。しかし日本人が使うのは「未だ亡くなっていない人」という意味の「未亡人」で、女性にしか使われないと聞い

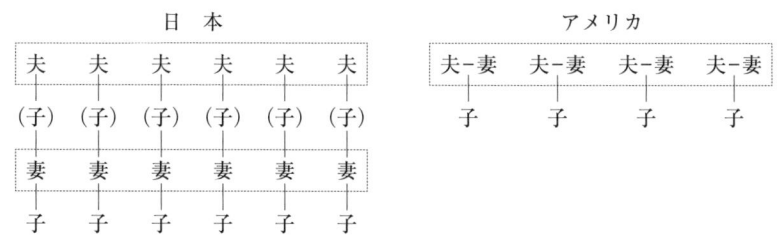

図3.　日米の家族関係

て彼女は怒り出したと言う。死ぬのを待っているようで、女性に対して失礼な表現であると。なるほど、そう言われてみればその通り、失礼な言葉である。

　日本では図3のように、上からタテに夫・妻・子と並んでおり、子供が大きくなると、「老いては子に従え」という教え通り、夫・子・妻という順に並ぶ。したがって他人との付き合いも同じ地位の者同士で行われるのが普通である。夫は仕事関係の人たちと男だけで遅くまで飲み歩き、妻は子供が小さなうちは常に子連れで行動するが、子供が大きくなると近所の主婦仲間と昼間の喫茶店やレストランを占領して「女子会」を楽しんでいる。田舎の法事などでは、今でも据え膳で飲み食いしながら談笑しているのは男性ばかりで、女性は巻き寿司などをつまみながら、かいがいしく奥で働くことになっている。まさに「奥さん」である。アメリカでは他人との付き合いも夫婦単位で行うのが普通で、お客さんを自宅に招いたときも妻は夫と一緒に会話を楽しむ。夫の会社の行事にも、同窓会にも、子供の保護者会にも、夫婦そろって顔を出す。

　アメリカ人にも、まだ男性中心の考え方が残ってはいるが、日本人と比べると、夫と妻が対等な関係であるという意識がかなり強いのは事実である。それを裏付けるように、内閣府が行った国際比較調査[5]でも、家庭生活における男女の平等感について、日本では「男性が優遇」が52.3％（アメリカ：35.4％）、「平等」が39.4％（アメリカ：42.6％）、「女性が優遇」が5.4％（アメリカ：21.1％）だった。家事の分担については、食事の後片付けや食器洗いという、どんな男性でもできそうな家事でも、主な分担者として「妻」が82.7％（アメリカ：50.0％）、「家族全員」が10.8％（アメリカ：32.3％）、「夫」が3.0％（アメリカ：13.0％）であった。まだ日本ではアメリカより妻が不当に扱われ、家事の負担も大きいようだ。また家庭の外でも、男性が中心であることに変わりはない。2010・11年のデータでは、女性管理職の割合がアメリカでは43.0％なのに比べて、日本はわずか11.9％にとどまっている。[6]

　5　内閣府男女共同参画局（2002）「男女共同参画社会に関する国際比較調査」
〈http://www.gender.go.jp/research/kenkyu/intl-compare/mokuji.html〉
　6　内閣府ウェブサイト（2013）「雇用と所得の増大に向けて（資料1）」p. 7.
〈http://www5.cao.go.jp/keizai-shimon/kaigi/minutes/2013/0205/shiryo_01.pdf〉

〈畏敬〉と〈親しさ〉

　畏れ多いという気持ちを表現するのが日本の礼儀である。相手と面と向かったとき、あまり「じろじろ」相手の顔を見ていると、日本では図々しく失礼な態度になってしまう。相手と視線を合わせたかと思えば、次の瞬間にはどちらかが外して話すというやり方が日本では普通だ。初対面のときでも日本人は相手から目をそらして名刺などを見ていることがよくある。もともとお辞儀は相手から目をそらすのが当たり前だが、アメリカでは、"eye contact"（＝相手の目を見ること）がとても大切なこととして小さな頃から教え込まれる。人の話を聞いているときは、じっとその人の目を見ているのが礼儀であり、話すときに目をそらしたままなのは自信がないか嘘を言っているからだと考える。相手が多ければ、ますます意識して全員の目を親しげに、うれしげに、自信ありげにまんべんなく見渡して話すのが理想である。

　畏れ多いという態度は座る席にまで表れる。上座、下座のような意識については、若い人たちにはなくなりつつあるのだろうと思っていたが、学生の話では、コンパの席などで、先輩が座る席と自分の席の位置関係を今でもかなり気にするとのことである。アメリカにも席順のルールはあるが、話題をリードしたり、お客さんの様子がよくわかるように、一番目立つ場所にホストが座るのが普通である。目立たない末席に座って料理や酒に気を配る日本の主人とはまるで違う。

　アメリカのCTRは親しさを強調する。日本語で目の前の相手に向かって「初めまして、伊藤さん」とか「加藤さん、おはよう」と名前を呼ぶと、馴れ馴れしくて、わざとらしくて、何か変だが、英語では普通の言い方である。身分の上下にかかわらず相手の名前を頻繁に口にして親しさを強調する。少し親しくなれば大学生が教授を、大企業の従業員が社長をファースト・ネームで呼んだりする。そのうえ、幼なじみでもない大人同士で、しかも年長者に対してさえ短縮形や愛称まで使って親しさを表したりもする。クリントン元大統領の正式名はWilliam Jefferson Clintonだが、小さいときから呼ばれていた短縮形のBillをそのまま使い、Billと呼ばれていた。総理大臣になった安倍晋三氏を「晋ちゃん」と呼ぶようなものである。日本とはまったく異質なCTRだ。

　謙遜志向のCTRは挨拶にも適用される。にこやかに手を差し出すアメリカ人と握手をするときでも、日本人はペコペコお辞儀してしまったり、ある

いは電話口でも頭を下げたりしているのはよく見かける風景だ。筆者がアメリカでの生活を終えて帰国したときも、ああ日本に帰ったな、と思わずニヤリとしてしまったのは、地下鉄のホームで名刺の交換をしながらお辞儀をし合っているサラリーマンを見たときだった。今ではもう慣れてしまったそんな風景が、帰ったばかりの頃はとても奇妙に感じたものである。考えてみれば「この方をどなたと心得る。畏れ多くも先の副将軍、水戸光圀公にあらせられるぞ。頭が高い。控えおろう！」と威喝されただけで、どんな悪党も「へへーっ」と土下座するのを不思議に思わなかった日本人なのである。戦争で負けて、相手が自分より力があることがはっきりしたとたん、抵抗するどころか、ひたすらへりくだって何から何までアメリカの言うままになったのも不思議ではない。

　2013年9月7日、7年後のオリンピック開催地を決定するIOC総会で、東京開催の魅力をアピールするプレゼンテーションをした滝川クリステルさんが、ジェスチャー付きで言った「お・も・て・な・し」は、にわかに流行語となったが、これにぴったりの英語はない。辞書には"hospitality"などと訳されているが、この2つは微妙に違う。簡単に言えば、「おもてなし」は畏敬を感じさせるもので、受けるほうが重要人物になったような気がする扱い方である。一方"hospitality"は、受ける側に友達や家族になったような親しさを感じさせる扱い方だ。喉が渇いていそうだと察して、すぐに冷たい飲み物を運んでいくのが日本の「おもてなし」、「喉が渇いてたら、冷蔵庫にいろいろあるから、好きなものを飲んで！」と声をかけるのがアメリカの"hospitality"である。

　日本では、チップがなくてもレストランのテーブルに座れば、おしぼりとお茶が出てくる。靴屋に行けば店員がひざまずいて靴を履かせてくれる。これにはアメリカ人も感激する。謙虚に頭を下げ、おもてなし精神から笑顔をふりまく日本人は、やはり素晴らしい。ただそれはお互いに謙遜するという前提のうえに成り立つものであり、決してこれからも誰彼構わず頭を下げていればいいということではない。言葉のうえでも、日本人は相手構わずへりくだってしまうことがよくある。大がかりな詐欺事件の犯人に判決が出たとき、テレビに登場した被害者の高齢の婦人は「8年の刑を受けられたわけですが、8年でも10年でも私の苦しみは変わりません」と思わず犯人を尊敬してしまっていた。通り魔事件の公判の際のテレビ取材でも、被害者の父親が「被告人は深く深く反省をし、法の裁きを受けていただきたいと思っておりま

す」と、用意したメモを読み上げていた。これは筆者の推測でしかないが、本当の気持ちとは裏腹に、伝統的な日本のCTRの作用で、つい敬語が出てしまったのではないだろうか。

　これからの日本人は、相手が本当に敬語に値する人なのか、あるいは畏敬に値するような人物なのかを、よく見極めてから言葉遣いを決める必要がある。態度についても、相手が対等に、あるいは偉そうに構えているのに、こちらだけがいつまでも謙遜していたのでは、謙遜が卑屈になってしまう。例えば記者会見などで、最初に頭を下げるのはいいとしても、終わって出て行くときに頭を下げるのは、まるで敗者のようだからやめたほうがいいとアメリカ人は指摘する。これからは、この素晴らしい謙遜の文化を守りながら、その美徳が通じない相手には、相手のCTRに応じてこちらの言葉や態度を自在に変えられるような異文化コミュニケーション能力を身につけたいものだ。

文化変形規則（CTR）の衝突例

¶　2001年2月にハワイ州のオアフ島沖で、愛媛県立宇和島水産高校の練習船「えひめ丸」が、急浮上したアメリカ海軍の潜水艦に衝突されて沈没、9名の命が奪われるという悲劇が起こったが、その経緯を伝える2つのドキュメンタリーが日米双方によって作られた。日本で制作された番組には、日米文化の相違を伝える場面が数多く含まれている。行方不明者家族の記者会見会場で、当事者である艦長から直接の謝罪を受けたいと求め続けていた父親の一人が「われわれの前で謝罪してください、われわれの前で土下座をしてください！」と訴える場面、ワシントンポスト紙に"We've Apologized Enough to Japan."（＝われわれは日本にもう十分謝った）という記事を投稿したコラムニストのコーエン氏の「アメリカではすぐに謝罪しないのが当たり前なんです。当然謝るべきときでも、きちんと謝れない人が多いんです。それは訴えられるのが怖いんですね」（吹き替えの日本語）という言葉、いつも妻と手をつないで査問委

7　テレビ愛媛「謝罪とApology——日米のはざまで見えたもの」（2001年10月17日放送）（引用は発言のまま）

員会に向かう艦長の姿などが含まれていた。[7]

一方、アメリカで制作された番組では、ワドル艦長がインタビューに応えて"There were highly skilled, highly trained, highly qualified individuals on board that ship that day, myself included, that through actions and in actions resulted in the culmination of a loss of life and loss of vessel, and that's the horror and that's the tragedy of this accident."（＝あの日、潜水艦には、私自身を含め、高度な技術を持ち、高度に訓練された、とても有能な人たちが乗船していました。それなのにいろいろな行動が重なって、命と船を失うという最悪の事態になってしまったのです。それがこの事故の恐ろしさであり、悲劇です）と言い、同年 12 月に宇和島市の慰霊碑に献花した際に、"It is my personal hope and prayers that my visit today will help the spirits of those who lost their lives reach peace."（＝私が今日ここを訪れたことで、命を失った人たちの霊魂が安らかになる手助けをすることが私の個人的な希望であり、祈りです）と述べる姿が映し出されていた。[8]

そこには埋めようのない CTR の隔たりがあった。当事者の艦長の土下座を求めた父親の気持ちは、日本人として痛いほどよくわかる。しかし日本に来た艦長が土下座をしないどころか、頭を深々と下げて謝罪することすらしなかったのは、アメリカ人としては、これもまた当然のことだった。もし謝るとするなら、アメリカでは、むしろ相手の目をしっかり見て謝罪の言葉を口にするのが誠実な態度とされており、土下座という振る舞いは、アメリカ人には何を意図しているのかわからず、目をそらしているので不誠実で、そのうえ卑屈な印象を与えるだけである。

¶ 2009 年に来日したオバマ大統領が皇居を訪問して、玄関前で出迎えた両陛下に挨拶した際に、握手をしながら頭を深く下げてお辞儀したことが謝罪外交のようで卑屈（groveling）だとアメリカで物議を醸した。互いににこやかな表情だったが、翌日のアメリカの討論番組では、次々と話題になり「アメリカの大統領が外国の元首にお辞儀するのは適切ではない」などと非難の声が上がった。[9] 頭を下げるということの意味は、日

8　Discovery Channel（2002）Deep Salvage: Raising the Ehime Maru.（引用は発言のまま）

9　朝日新聞（2009 年 11 月 18 日）

本とアメリカではまるで違うのである。

¶　筆者がアメリカにいたとき、年配の日本人留学生が日本から持って来たかなり高級なカメラをクリスマス・プレゼントとして指導教授に贈ったことがあった。教授は喜ぶどころか、怒ってそれを叩き返したそうである。さらに誰かに"He tried to bribe me."（＝彼は私に賄賂を贈ろうとした）と漏らしたために評判になってしまい、その留学生が大変肩身の狭い思いをしたことがあった。おそらくその留学生にはそんなつもりはなかったのだろう。お中元やお歳暮を贈ることに慣れてしまっていた彼は、いわば常識としてNikonを贈ったのである。目下の者が目上の者に贈り物をするのは本質的にはやはり貢ぎ物であり、賄賂なのだが、その時期になると「私から大切なあなたへ。この夏どうしてもお届けしたいハムがあります。まごころの伝承、お中元は、伊藤ハム」とか、「だって、ニッポンの素敵なあいさつですから。三越でお歳暮」などとCMが続く日本では、もはやそれは常識として通用し、良俗にすらなっている。特別お世話になったわけでもないのに、年に2回金品を贈ることで目をかけてもらおうという下心が、商魂の助けで常識という衣をまとい、堂々とまかり通っている日本である。

　贈り物をよくするという点ではアメリカも同じだ。しかし日本の中元・歳暮と違うのは、上司や先生など、自分の業績や成績を評価する立場にある人への贈り物は、不当で卑屈な行為として非難されることである。アメリカでは、下から上へではなく、対等な者同士で、あるいは上から下に、さほど高価ではない物を贈ることが多い。例えばクリスマスの時期になると、恋人や家族の間でプレゼントの交換をするのは日本も同じだが、アメリカでは社長のほうがいつも世話になっている秘書にちょっとしたアクセサリーを贈ったりする。筆者が住んでいたボストンのアパートでは、クリスマスが近づくと郵便受けの横に2つの箱が置かれた。1つには「郵便屋さんに」、もう1つには「管理人さんに」、と書いてあるので、覗いてみると、すでに手作りのお菓子や手編みの手袋などがリボンで結んで入れてあり、何という気持ちのいい贈り物だろうと感心したことがある。日本に帰って、新聞配達をしてくれる中年の女性に、とも思ったが、今度は逆に下心があると思われそうでまだ実行できないでいる。

¶　日本人はディベートができないと言う人がいる。ディベートをするには、対等な立場に立たなければならないからである。国会答弁でも「あなたも知ってるでしょうが…」ではなく、「先生もご承知のように…」と言い始めたとたん、発想が規定されてしまい、対等な立場での本音のぶつけ合いによる激論というものは期待できない。対等な口をきいて対立したとたん、日本では非日常の世界が始まり、対立のあとで日常の関係に戻ることは極めて難しい。目上の人に反感を持たれていつまでもシコリを残すのがオチである。日常的に対等な立場で対立できるアメリカとは違う。だからこそ日本には昔から「腹芸」や「根回し」や「甘え」といった交渉術がある。文化にはその文化特有のCTRが、そしてそれにふさわしい言語表現や交渉術がある。いくらアメリカ式に文字通り「裃（かみしも）を脱いで無礼講でいこう」と「ディベート」を始めても、日本ではいつの間にか「命令」や「お伺い」になってしまうことが多い。日本流の謙遜の美徳を守りながらディベートをしようとするのは、もともと無理な話なのかもしれない。それはまさにCTRの衝突そのものだからである。

¶　日本人が苦手なのが、「自己PR」と「推薦状」である。いきなり「さあ、1分間で自己PRしてください」などと言われると「えー。別にPRするようなところはありません。無芸大食で、何をさせてもドジばっかりで、これからも皆様にご迷惑をおかけすると思いますが、どうぞよろしくお願いします」などと言ってペコペコしながらマイクを返してしまう。何しろ日本で一番嫌われる人が、自慢話ばかりする人だと知っているから、自己PRなどできるはずがない。まるで逆なのがアメリカ人だ。能力にしろ業績にしろ、日本人から見ればよくもまあ、ぬけぬけと言えるものだと感心してしまうほどの高い評価を自分に与えて平気な顔である。

　　それが推薦状となると話は逆である。日本人はまずほめることが前提になる。しかしその人の具体的な事実をあまり知らない場合でも推薦を頼まれることが多いので、いきおい書き方が抽象的になる。「温厚誠実な人柄で周囲の信頼も厚く、将来性のある青年です」などと誰にでも当てはまる美辞麗句を並べ立てる推薦状が多いので、あまり意味がない。一方アメリカ人の書くものは具体的事実を挙げてほめる場合が多い。そうした具体的事実が書けなければ、つまり良いところを具体的に知らなけ

れば、推薦状を書かないか、「会話能力には改善の余地があるが読解力は優れている」などと欠点も書き添えて信頼性のあるものに仕上げるのが普通である。無条件に相手を「畏れ敬う」ことはしない。

つまり「自己PR」も「推薦状」も日本文化に無いものを求めているのである。アメリカ文化での「自己PR」のようなものが聞きたければ別の人にその人を紹介させればいいし、その人の本当の評価を知りたければ、はっきりした形で後に残る「推薦状」のような建て前ではなく、ヒソヒソ話で話してくれる本音の評判を聞けばいいのである。同じものが違った形で手に入る。

¶ アメリカ人教師が、日本の受験競争はどうしても理解できないと言う。留学希望の日本人学生がその先生に、アメリカの大学について受験生の偏差値による難易度ランキングがなぜないのか質問したそうである。なるほど、日本の受験生にはそれが一番大切な情報である。大学はそれで評価されてしまう。例えば東京で一人暮らしができる余裕のある受験生が増えて、それだけの理由で東京の大学に受験生が集中すると、合格者の偏差値が高くなって、その大学は入るのが難しい「いい大学」になっていく。教授陣の研究業績や授業内容にはまったく変化がなくても、受験生が多くなるだけで、どんどん大学の評価は高くなる。まずそれが理解できないと言う。さらに、例えば理学部と芸術学部でもタテ一列に並べて偏差値でどちらのほうがいいかを比べようとしたり、出身大学のランキングで生涯賃金が決まるわけでもないのに、これほどまでに熾烈な受験戦争を勝ち抜こうとしたりする気持ちがわからないと言う。言われてみると確かにそうである。大学だけでなく、企業も毎年学生の人気でランクづけされるし、神聖な神社でさえ初詣の善男善女の数で毎年順位が発表される。とにかく日本人はタテ一列に並べないと気がすまない。

その点、アメリカでは日本のように大学をタテ一列に並べて、どの大学がどの大学よりもいいとか悪いとかはあまり言わない。ランキングをつけることはあっても、それは分野別にその大学がどんな業績を上げているかを基準にしており、日本のように受験生の成績だけを基準にしたりはしない。その結果、自分の出身大学にプライドを持っている人が多い。「どこの大学のご出身ですか」と聞かれて、「いやあ、申し上げるようなところではありません」とひたすら隠そうとする人が多い日本とは、

やはり大きな違いである。すぐにタテに並べて上下で判断しようとする日本のCTRと、それぞれに違っているのでタテに並べようがなく、ヨコに並べてそれぞれの良さを見ようとするアメリカのCTRの違いである。

¶　日本人は相手を上に、自分を下に見立てて、ひたすら謝ろうとする。日常会話の中で「すみません」の頻度は極めて高い。一方アメリカ人は、ヨコの関係で気軽に"Thank you."を連発する。ある学生がアメリカ人とキャッチボールをしていたとき、自分はコントロールが悪くてごめん、と謝ってばかりいたのに対して、同じくらいうまく投げられないアメリカ人のほうは、コントロールが悪いのに拾ってくれてありがとう、とお礼を繰り返していたそうだ。相手のところに出かけていって何かしてもらったときも、日本人は「どうもお邪魔して、すみませんでした」と謝るが、アメリカ人は"Thank you for your time."（＝時間をとってくれてありがとう）とお礼を言う場合が多い。やはりタテとヨコの違いである。

¶　東京のある大学が外国人講師を採用しようとして、教授会推薦の候補者の履歴書を理事会に回した。ところが履歴書を見た理事の1人が「この人は感心しませんね。どうもいい加減な人のような気がする。履歴書に写真も貼ってないし、年齢も書き忘れているじゃないですか」と言ったそうだ。アメリカでは法律で、応募の際の書類に写真の添付や人種、年齢、性別などの記入を要求できないと決められている。差別をなくそうという考え方からきているのだが、年功序列が根強く残っている日本では、人種はともかく年齢もわからないのでは雇う気にはなれない。だから新聞記事でも、日本では人名のすぐあとに年齢を添えるのが普通だし、長男や次女といった家族内での上下関係を示す情報も重視されるが、アメリカでは、特にニュースの内容に関連がある場合以外は取り上げないのが普通である。

第 2 章

文化変形規則
『集団志向』 対 『個人志向』

　日本人の特性としてよく指摘されるものに、和を尊重する集団性があるが、日本文化には、『**集団志向**』の文化変形規則（CTR）があり、〈皆と一緒〉にいると安心する。〈同質〉の者がほとんどなので、〈他律〉的に皆と同じことをしていれば〈恥〉をかくこともない。地域でも〈町内会〉で集まって近所付き合いをし、〈隠し事〉をするのは水くさいこととされる。
　一方、アメリカ文化には、私〈ひとり〉でという『**個人志向**』の文化変形規則（CTR）がある。開拓時代の孤立無援な環境が生み出したアメリカ人の〈自律〉的な個人主義が、今も彼らの気質の中に生き続けており、行動を規制するものは、神に対する個人の〈罪〉の意識である。〈異質〉な者同士がお互いの〈プライバシー〉を尊重しながら、開放的なネットワークで〈ボランティア〉として助け合おうとする。

〈皆と一緒〉と〈ひとり〉

　日本人とアメリカ人を時計の歯車と色鉛筆にたとえる人がいる。時計の歯車は時計という集団の中で、他の歯車と一緒に働いてこそ役割を果たせるが、1つだけ取り出されても何もできない。それに対して色鉛筆は、24色とか、36色とかのセットにはなっているが、1本だけ取り出されても、自分だけの値打ちがあるというわけだ。
　もともと日本は世界でも珍しいほど均質の国である。人種も言語も、人口の割合だけで考えればほぼ均質と言ってよく、価値観や宗教も「皆と一緒」である。小さな頃から狭い家でプライバシーもなく育てられ、学校では校則

に縛られ、決められた班やクラスから抜け出ることはできず、その中でのまとまりを強要されてきた。「イツメン（いつものメンバー）」と LINE で頻繁に連絡を取り合い、「KS（既読スルー）」にイライラしながら、自分だけはすぐ返信しようと、トイレに行くときもスマホが手放せない。協調性は学校生活を過ごす必要条件で、先生は「クラスの気持ちが一つになった」と感激する。部員の1人が何か不祥事を引き起こせば、野球部の全員が試合に出られない。

　入社試験では、個人の成績や技能よりも、むしろ皆と一緒にうまくやっていけそうな人柄かどうかが重視されることが多い。会社に入れば集団の一員として朝から深夜まで、ときには休日まで同僚と付き合う。だから「仕事を選ぶときに、何を一番重視しますか」という国際調査（2005, 2006）で、"Working with people you like."（＝好きな人と働くこと）を第1に選んだアメリカ人は 8.8％ しかいなかったが、日本人は 26.0％ と3倍近くいた。[1]

　アメリカ人もボランティア組織とかスポーツや趣味のクラブにはよく集まるが、職場とまったく同じ仲間で集まることはほとんどなく、それぞれの場で自分の生活範囲を拡大することで人生を豊かにしようとする態度がある。日本は 24 時間が会社中心という人が多く、何かあれば「全社一丸」となって取り組もうとする。海外勤務になっても、すぐ日本人だけで群がってしまって、現地の社会に溶け込もうとしない。ふた言目には "We Japanese..."（＝われわれ日本人は…）が出てくる。外国での航空機事故などでも、日本人が巻き込まれたかどうかにまず関心が向けられる。日頃は無宗教のはずなのに、皆が初詣に出かけるお正月3が日には、全人口の3分の2がどっと神社や寺院に押しかけ、残りの 362 日間は社寺で閑古鳥が鳴いている。

　日本で個人として自由に行動しようとすると、「あいつは個人主義だ」とやっかみ半分の悪口を言われかねない。「個人主義」という言葉が、日本では「俗に、利己主義（egoism）と同一視される」[2] ことからも、個人というものに対する日本人の考え方がわかる。学校のクラブも入るのは簡単だが、出るのは難しいし、会社でも終身雇用制度という真綿で縛られてきた。一度所属した集団は簡単には変えられない。死んだあとでさえ、先祖代々の墓に入れられて集団生活を余儀なくされる。個人単位で独立したお墓を作ることが多い

1　World Values Survey（2005, 2006）WORK: First choice, if looking for a job.
〈http://www.wvsevsdb.com/wvs/WVSAnalizeQuestion.jsp〉

2　新村出編（2011）『広辞苑』第六版．岩波書店．

アメリカとは違って、日本では「故人」になっても「個人」にはなれない。過去、現在、未来と貫いて、日本は「皆と一緒」なのである。

いつも皆と一緒にいるのはいいが、やはりそれなりのストレスはある。自分の気持ちを抑えて相手に合わせたり、相手に気を遣って気が休まらなかったりもする。最近「お一人様」向けの、「一人カラオケ」とか「一人焼き肉」、「一人しゃぶしゃぶ」などが登場したのも、裏を返せば、そうしたストレスを避け、のびのびと一人で楽しみたいという気持ちに応えるサービスなのかもしれない。

日本人にとっては、身「内」ではなく、自分と直接関係のない「外」は油断ならない世界だ。福は内、鬼は外と区別する。花見や花火大会で何時間も前から場所取りをしたりするのも、安心できる「内」を確保したいからだ。家に入るときに必ず靴を脱ぐのも、そんな気持ちが強いからではないだろうか。外を歩いた履物はどんなに汚れているかもしれない。「内」はいつもきれいで安心だが、「外」は何となく汚れていそうで油断がならない。エレベーターで他人と乗り合わせても、アメリカ人のように得体の知れぬ赤の他人に気安く話しかけたりはしない。君子危うきに近寄らず、よそ者とは距離を置く。夫婦もいったん離婚してしまえば、よそ者同士として、めったに会わなくなってしまい、親戚付き合いも終わってしまうのが普通だ。離婚後も"ex-wife"（＝先妻）、"ex-husband"（＝先夫）として子供も含めて頻繁に連絡を取りあうアメリカ人とはまるで違う。

養子をとる場合でも、なるべく血縁関係のある子供をとろうとする。家を相続させるにも、年老いてから面倒を見てもらうにも、そのほうが安心だと考える。まったく関係のない外部の人の子では、どこか心配だ。ましてアメリカ人のように、違う人種の子供を気軽に養子にすることなど、考えられない。

日本では肝臓に重い病気を持った人に親族の健康な肝臓の一部を移植する生体肝移植が1989年に始まり、2004年以降では、年間で500例前後のペースで行われている。しかし1997年に臓器移植法が施行されて脳死肝移植ができるようになったのに、その数は年間わずか数例にすぎなかった。2010年に改正されて臓器提供者の家族の承諾があればできるようになり、若干、症例数が増えはした（2010年には30例）が、それでも日米には大きな違いがある。アメリカでは2010年の1年間に6291例の肝移植が行われたが、そのうちで生体肝移植は282例だけで、全体の4.5％にすぎない。一方日本では、

2010年末までに総移植数が6195例あったが、そのうち、生体肝移植が6097例で、98.4%を占めている。[3]

　例えば、子供のために自らの肝臓を提供しようとする親は日本人から見ると立派で感動的だが、こうした手術が一般化すると患者の親は大変な決断を迫られることになる。ドナーに危険がつきまとうこともあって、アメリカでは脳死状態の人からの移植が主流で臓器移植ネットワーク・システムも発達している。こうした違いの根底には、親子、家族の情をもとに一心同体で依存し合うことを理想とする日本人と、自立したうえで小さな集団を越えた他人との結びつきも大切にするアメリカ人とのCTRの違いがある。まるで逆の話だが、自殺しようとするとき、小さな子供を巻き添えにしがちな日本の親の考え方も同じCTRからきているのかもしれない。アメリカでは、たとえ親でも子供の生きる権利を奪うことはできないと考えるのが普通だ。

　集団を大切にする日本人は、それだけ帰属意識も強い。「会社の看板を背負って偉そうにしているだけで、あいつには何の中身もない」と外国人に陰口をたたかれようが、会社あっての自分なのである。遠隔地に転勤を命じられても、家族を残して単身赴任する。仕事あっての家族、仕事のほうが家族よりも大切だ。アメリカでは、転勤そのものがそれほど多くないが、どうしてもという場合は、たいてい魅力的な昇給が提示される。それでも嫌なら会社を辞めて新しい仕事を探すだけだ。「娘の結婚までは、嘱託でも出向でも何でもいいから、とにかくトヨタに残っていたい」というセリフは、所属する集団をなくしたときの個人としての自分にプライドを持てない日本人の本音だ。

　電話で「松本と申しますが…」と言っても、「どちらの松本さんですか」と言われることがよくある。特定できないのは名前まで言わないせいもあるが、「お名前のほうは？」と聞かれたことは一度もない。自己紹介にしても、日本では、例えば「トヨタの研究所でエンジンの開発をしています鈴木太郎です」のように、勤務先が先にきて、次に職業、名前、それも家族名が先で、そのあとで個人名と続くことが多い。アメリカではまず最初に個人名、次に家族名を伝え、それだけで終わる場合もあるが、続けるにしても、次にくるのは、"I'm an engineer."（＝エンジニアです）など、「自分はどんな仕事をしている

3　福嶌教偉 (2011)「移植法改正後の臓器提供の現状」pp. 15–16.
〈http://www.asas.or.jp/jst/pdf/factbook/factbook2011.pdf〉

か」という情報である。勤務先を言うなら最後にきて、個人から集団という順序になるのが普通である。アメリカでは集団よりも個人が重視されると言っていい。日本人ほど集団への所属意識は強くない。日本とは逆に、優秀な人ほど一生のうちに職場を何度も変える。労働組合も日本のように企業別ではなく、職業別に勤務先の集団を越えて組織されている。

　常に「皆と一緒」を志向する日本では、人脈や閥が大きな意味を持つ。その中で根回し上手の世話好きで温厚な年長者がリーダーになれば、全員が納得して強力な集団となる。アメリカと違って、神の教えではなく、最強集団が絶対的な正義だ。リーダーは、皆が一緒に動けるように各人の立場も考えるので、リーダー自身の個性や意見が外からは見えにくく、何を決めるにも時間がかかる。しかし、いったん決まればあとは速い。逆にアメリカでは、リーダーの主導で決定するので、リーダーの顔は外に対して明確で決定も速い。しかし、あとで各人の立場からいろいろな問題が出てきて、動きが鈍く遅くなる傾向がある。

　スポーツでも、日本で生まれた駅伝は、海外でも EKIDEN などと呼ばれて大会が開かれることもあるが、あまり人気がなく、アメリカでも知っている人は少ない。仲間を必要としない陸上競技は個人でするものだという感覚が強いからだろう。しかし日本では、小集団の仲間と助け合い、励まし合って長い距離をたすきをつないで走るところが人気で、小規模なものを入れると200以上のレースがある。

〈町内会〉と〈ボランティア〉

　日本では、町内会や学校、会社など、自分が所属する集団での冠婚葬祭には、集団の一員として積極的に参加する。誰かが亡くなったと聞けば、とりあえず香典を持って駆けつける。葬式を行うには、何かとお金が要るが、たとえ遺族がお金に困っていても、それだけで当座のやり繰りはできる。迷っていた死者の魂が次の生に生まれ変わるとされる49日目に、恩返しとして香典の返礼に半返しの物を贈る。同僚が結婚すると聞けば、結婚披露宴の受付で3万円のご祝儀を渡す。新郎新婦はフルコース・ディナーの1万円と引き出物の5千円で、恩返しとして1万5千円を半返ししたことになる。部下が海外に転勤すると聞けば、上司は餞別を渡す。受け取った部下は、その後帰国したときに、半額程度のお土産を渡さないと気が済まない。「かけた情け

は水に流せ、受けた恩は石に刻め」という教えは、まさにこうした日本人の伝統的な助け合い精神を見事に表現している。所属する小集団の中で、お互いに密接に恩を受け、恩を返すというのが伝統的な日本流の助け合い方である。

　日本語の「恩返し」は英語に直しにくいと言われるが、それは英語を母語とする人たちが恩を返さないからではない。若い頃他人に助けてもらった人があとになって他人を助ける話など、アメリカにいくらでもある。違う点は、日本では恩を返すことが義務になることと、恩の対象が恩を受けた相手に限られている点である。そのために相手にことさらありがたさを感じさせようと「恩に着せる」ことや、「恩知らず」と言われるのが嫌で忠誠をつくすこともよくある。日本人は人を助けると、当人との「恩」の結びつきを期待し、「恩」や「義理」が小さな集団の人間関係を縛るのである。

　一方アメリカのボランティア精神は、集団の枠にあまり縛られない。自分とは直接関係のない外部の人でも、善意から助けようとする。それはまったく個人の自発的で一方的な意思で、困っている人を助けたという満足感と喜びが得られることで完結し、お返しを期待することはない。この"volunteer"という英語にピッタリ対応する日本語がなく、「ボランティア」としなければならなかったことが、そうした意識の違いを端的に表している。宗教的背景などの違いもあるが、基本的には、助けた「事実」を大切にする閉鎖的ネットワークの町内会と、助ける「精神」を大切にする開放的ネットワークのボランティアとの違いと言える。

　とはいえ、日本でも若い人たちの間でボランティア活動が広まっている。阪神・淡路大震災での被災者救援に多数のボランティアが駆けつけた1995年は、日本の「ボランティア元年」と言われているが、その後の1年間に130万人以上のボランティアが被災地を訪れた。しかしそれを大きく上回る被害の出た2011年の東日本大震災では、震災後の2か月間に東北を訪れたボランティアは阪神の半数にも届かず[4]、1年間の総数でも、岩手、宮城、福島3県の災害ボランティアセンターが把握している数では、約95万人でしかなかった。[5] 放射能の問題や受け入れ態勢の不備などの問題を差し引いても、日

　4　朝日新聞（2012年1月16日）
　5　社会福祉法人　全国社会福祉協議会（2013）『2011.3.11東日本大震災への社会福祉分野の取り組みと課題』（ホームページ掲載版：p. 44）
〈http://www.shakyo.or.jp/saigai/pdf/katsudou_kiroku.pdf〉

本人全体のボランティア活動がますます盛んになっているとは言えない。OECD（＝経済協力開発機構）による 2011 年の調査では、ボランティア活動などの社会貢献活動に参加したアメリカ人は 60％ で OECD 加盟国の中で第 1 位だが、日本人は 26％ で、OECD 加盟国平均の 39％ からもかなり下回っている。[6]

　日本では、自分の時間を割いてまで助けようとする対象は、利害関係のある家族や友達、同僚など身近な人間や、せいぜい町内に限られてしまい、もう少し大きな地域社会や国家にまでは思いが及ばない。世界各地の難民などへの援助の動きが遅い理由の 1 つは、日本人が集団の外の人間である彼らに何の「恩」も感じられず、「恩返し」も期待できないからだろう。

　それでも、若い人のボランティア活動に限ってみれば、この 10 年間でかなり増えてきてはいる。18 歳から 24 歳までの青年を対象とした 2007 年の国際調査[7] では、「現在、活動している（5.6％）」と「以前、活動したことがある（43.9％）」を合計すると 49.5％ となり、10 年前の調査による 24.9％ からほぼ倍増している。日本人が集団の外にいる人に冷たいというよりは、外の人を助ける方法を知らなかったと考えるほうが正しいだろう。

〈他律〉と〈自律〉

　日本人が集団の行動に追随するのは、主体性がないからである。皆と同じことをしていれば、少なくとも集団から糾弾されることはない。自分の行動を自分ではなく「他」人が「律」するのである。レストランでの注文でも前の 2、3 人が同じ物を注文すれば、つい「私も」と言ってしまう。一方、アメリカ文化の『個人志向』の CTR を生み出した "individualism"（＝個人主義）は、個人の自由や権利を重視する考え方である。他人がどうであれ私は私、私がどうであれ、あなたはあなた、なのだ。

　私の知人に、主義として NHK 受信料の不払いを続けている人がいるが、彼が集金人に「大勢の人が実際には払っていない。それをそのままにしておいて、払う人だけからもらおうというのはおかしいじゃないですか」と言っ

　6　OECD（2011）*Society at a Glance 2011: OECD Social Indicators*. OECD Publishing. p. 95.

　7　内閣府（2009）「第 8 回世界青年意識調査」
〈http://www8.cao.go.jp/youth/kenkyu/worldyouth8/html/mokuji.html〉

たら、こう答えたと言う。「おっしゃる通りです。でも罰則がなくても大多数の国民が納めていてくださるというのは素晴らしいことではないでしょうか」。なるほど、その通りである。NHK の受信料制度は世界でも珍しいものだ。放送法では、NHK の放送を受信できる設備があれば、NHK と受信契約をしなければならないことになっているが、契約をしなかったからといって罰則はない。しかし大多数の国民は、受信料を払わなければならない理由や、不払いをしている人の考え方などをほとんど考えないで、まさに「大多数の国民」が払っているから自分も払っているにすぎない。だからもし「調査の結果、過半数の国民が払っていないことがわかりました」というデマでも流れれば、「大多数の国民」はすぐに払わなくなってしまうだろう。もともと個人が主義で払っているのではないからだ。

同じ公共放送でも、アメリカはまったく違う。例えば、日本でも人気の Sesame Street を放送している PBS（Public Broadcasting Service）などの公共放送は、さまざまな財源で運営されているが、その内訳（2009）[8] は、個人からの寄付金（28％）が一番多く、2009 年の寄付者の総数は約 560 万人という。次に企業協賛金（16％）、政府交付金（15％）、州政府交付金（12％）、その他、大学、財団、地元自治体などが続く。全国一律に同じ番組を放送して、観ても観なくても受信料を取る日本と、良質な番組の制作を支援しようと 560 万人が自主的に寄付をするアメリカ。まさに他律と自律の違いである。

同じようなことが、新聞についても言える。独自の色合いをはっきりさせるアメリカの新聞と比べて、日本の新聞はどれもこれも似たり寄ったりだということがよく指摘される。なるほど、記者クラブ制度が単独行動をしにくくしてはいるが、論評する前に各社の編集長が相談するわけではない。各方面の顔を立てて、しかも広告主や読者を失わない程度に書こうとすると、結果的に同じような紙面になってしまう。そこで、どこかの新聞社やテレビ局が適当な相手に建前を振りかざして攻撃を始め、それに世間も同調してくれそうだと見るや、すぐに他社も加わって、いわゆる「マス・メディアの一斉攻撃」が始まる。

1973 年に始まったオイル・ショックの際の紙面は、どの新聞も省資源こそがこれからの人類の常識であるという論調だった。1974 年元旦の新聞の社説

8　NHK 放送文化研究所（2012）「『世界の公共放送の制度と財源』報告」『NHK 放送文化研究所年報 2012』pp. 135–245.

は、まるで打ち合わせたかのように資源節約を訴えた。「大量消費が、生活水準の向上を示すものと考えられ…便利さ、そして『かっこよい』ということが、その生活方式の象徴であった。だが、この生活方式は、今や転換を迫られようとしているのではないか。…資源節約の生活にもどらなければならないことは確かである…」(『朝日新聞』)とか、「新しい発見と開発によって既知の埋蔵量が倍加すると見ても、世紀末には天然石油は終末に近づく。…人為的欲望を物で満たす消費主義は、人類の歴史にわずかに見られた、それこそ異常な、一朝のはかないおごりであることをわれわれは考えなければならない」(『中日新聞』)などと見事に論調は一致していた。テレビのモーニング・ショーも省エネ一色に埋まり、新聞の枚数が減り、深夜放送はなくなり、キャスターは奇妙な半袖の「省エネ・ルック」で登場した。まさに「無駄遣い」という敵に対する「マス・メディアの一斉攻撃」であった。「資源は有限なのですから、今後事態が改善するということはありません。これからは私たちの浪費型ライフスタイルを変えるしかないのです」とあのとき何度聞かされたことだろう。そしてその同じマス・メディアがいつ頃からかぱったり省エネを言わなくなった。それどころか、「消費は美徳」になり、いつの間にか新聞の枚数は以前よりも増え、深夜放送は「朝まで生テレビ」になり、放送局の冷房はききすぎるようになった。あんなに口をそろえて無駄遣い追放を訴えていたマス・メディアが、やれ高級車志向だの海外グルメ旅行ブームだのと、今度はこぞって消費活動を煽り立て、加熱させ始めた。超大型バブル景気に沸いた80年代後半に、1社でも1局でもいいから、皆と同じことを言うのではなく、独自の見解として「もったいない！」と叫び続けるところがあってほしかった。

　その後、90年代後半から地球温暖化の問題が注目され、2004年あたりからは原油価格高騰で再び省エネ・ムードが高まり、2011年の東日本大震災による電力供給力の低下で、今度は節電ムードが広がっている。国際的な戦略や業界の思惑が絡んだその時々のムードに流されず、この狭い国土に住む日本人が、これからどのような生活を目指すべきなのかを、独自の視点からじっくり考えたいものである。

〈隠し事〉と〈プライバシー〉

　アメリカ文化が"low-context"（＝状況低依存）であるのに対して日本文化

は"high-context"(＝状況高依存)であると言われている。[9] つまり小集団の中ではお互いについて知らぬことはほとんどないほどよくわかっているのが日本人だ。親は子供のことを何でも知っているべきだし、上司は部下のすべてを掌握しているべきだと考える。子供や部下に隠し事をされるようでは信頼されていない証拠だ。「水臭い奴だなあ」と、恨みがましい愚痴が出る。

　一方「プライバシー」とは、自分がしていることを他人が見たり聞いたりしないように、さらに他人が自分のことに介入しないように、皆から離れている状態を指す言葉であり、アメリカ文化の中ではそれは望ましい状態とされる。別に恥ずかしいことではなくても、個人としてのあれこれを他人に知られたり、干渉されたりするのは不愉快なのだ。筆者がホームステイをした家庭では、3歳の女の子がトイレの扉を開けられて"I need some privacy!"(＝プライバシーが欲しいわ！)と叫んでいたが、日本の幼児にはない発想だ。

　日本語の「恥ずかしい」は、本来こちらに何か劣った点や変な点がある場合で、だから隠そうとする。そうでなければ正々堂々と見せられるはずだ、と迫るのが日本文化だ。例えば日本のような厳格な戸籍制度で自分のことを公に知られてしまうのは日本以外では韓国と台湾くらいしかないし、1976年までは一般の人が他人の戸籍簿を見たり、その謄本や抄本をとるのも自由であった。日本では隠すのに理由が要り、アメリカでは知るのに理由が要る。

　"privacy"にぴったり置き換わる言葉を持たない言語は西欧にも多い。まして鍵もかからない襖（ふすま）を1枚隔てただけで、声も筒抜けという家で育った日本人の言語が"privacy"に相当する言葉を持たなかったのは当然である。なるほど日本語にも「私」のついた言葉はたくさんあるが、「公私」、「私事」、「私通」など「公」と比べて「私」が一段低いものと見なされたり、「私語」、「私刑」、「私腹」、「私利私欲」などマイナスのイメージで使われたりするものが多く、会社や仕事よりも尊重される"privacy"は、やはりそのまま「プライバシー」とするしかない。

　旅館とホテルもそれぞれのCTRを反映している。ホテルは、自分の部屋に入って扉を閉めてしまえば、そこに完全なプライバシーがある。どんな格好で寝そべってテレビを見ていても、誰も入ってくる心配はない。ところが日本の旅館はそうはいかない。いつ仲居さんが入ってくるかもしれないので、

9　Hall, E. T. & Hall, M. R. (1990) *Understanding Cultural Differences*. Intercultural Press. pp. 6–7.

浴衣と丹前で正装していなければならないし、食事の時間や風呂の時間もいちいち干渉されたりする。先日旅館に泊まったときなど、「失礼します」のひと声でいきなりトレーナー姿の仲居さんが２人飛び込んできて、あっという間に布団を敷いて、あっという間に出て行った。静かなプライバシーなど旅館にはない。しかしお茶を入れにきてくれた仲居さんと四方山話に花を咲かせたり、大広間で同じ浴衣と丹前を着込んだ大勢の人たちと同じ料理を食べているときに感じる親近感や安心感は、やはりなかなか捨てがたいものだ。日本人にとって個人志向の「プライバシー」とは、寂しく退屈なものでもある。地方から東京に出てきた大学生が、夜ごと街で馬鹿騒ぎをしているのも、手に入れたプライバシーの意外な息苦しさのせいかもしれない。

〈恥〉と〈罪〉

　恥や罪の意識は日本人にもアメリカ人にもあるが、身内の集団を常に意識する日本人は、小さな頃から「恥ずかしいわねえ」とか「恥ずかしくないの？ 皆に笑われるよ」と言われ続けてきて、「罪」よりも「恥」が行動の主な基準になっている。集団の中で、他の人たちとは違って自分だけが変わっていたり劣っていたりすることが明るみに出るのを恥と考え、恥をかいてしまうと、世間に顔向けできない、人に合わせる顔がなくなると感じる気持ちが強い。集団外の無関係な人が相手なら、どのみち「旅の恥はかき捨て」で気に病むこともないのだが、しばらくは一緒にいそうな人たちの前で恥をさらして後悔するよりは、何もせず、何も言わず、目立たないようにしていたほうがずっといい。かくして学生は英会話の授業でも黙っているだけでいっこうに上達せず、日本人英語教師も同僚の前では英語を口にしたがらない。

　悪事がばれて記者会見に臨んだ人物が、よく「世間をお騒がせして…」とか「皆様にご迷惑やご心配をかけて…」などと、しきりに「世間」や「皆様」を口にするのも、「罪」を犯したことへの謝罪よりも、世間の皆にばれて「恥」をかいてしまったことと、それがひいては自分の属する小さな集団の「恥」になってしまったことへの無念さや申し訳なさの表れなのである。本当はマス・メディアが勝手に騒いで商売にしているだけだし、当事者と、当事者が所属する小集団以外だれも迷惑するはずもなく、だれも心配などしていない。確かなのは本人とその小集団が「恥」をかいたことだけなのである。

　アメリカでは犯罪者の肉親などが、テレビに堂々と出てインタビューに答

えている。罪を犯したのは本人であって、それは自分の罪でもなければ、責任でも恥でもない。大統領を含めて、有名人の息子や娘が罪を犯しても、親は何のコメントもしないのが普通だ。日本はそれでは済まない。2013年に有名タレントのM氏の次男(31)が窃盗未遂容疑で逮捕されたときは、芸能活動を自粛して番組を降板したが、自宅に報道陣が詰めかけて玄関先で取材に応じていた。いくら息子が30を過ぎた大人でも、息子の罪は親である自分の責任でもあり、世間に対して身内として「顔向けできない恥ずかしさ」を感じてしまう。アメリカとは、責任の範囲まで違うのである。

　「恥」は常に、周りの人間の好意や信頼を失うことへの恐れを秘めている一方、所属集団の価値観や利害によって増減する。本人のスキャンダルで党の公認も取り消された政治家が地元集団に戻って堂々と立候補し、しかもトップ当選して、これで「みそぎ」は済んだと宣言する感覚はアメリカ人には理解しがたい。

　キリスト教精神を背景にしたアメリカ文化では「恥」ではなく「罪」が行動を判断する基準になっている。道徳と宗教が表裏一体なのである。周りの人間に対してというよりも、絶対者である神に反逆する行為や態度が罪なのだ。だから大事な場面では日本人のように周りの人たちに軽々しく「すみません」と言うこともない。自分と神との関係は、他人には関係のないプライバシーであり、罪を犯したかどうかも、良心に照らして自分が決めることである。自分でそれを認め、神に懺悔し、罪をあがなえば赦され、心の整理がつくのである。アメリカの裁判でも、被告が罪状認否で自分の罪を認めれば、司法取引として検察官は求刑を軽減したり、罪状の一部を取り下げたりするが、日本では司法取引の制度はなく、被告が罪を認めても裁判が行われ、証拠の有無によっては無罪になったりもする。

　アメリカの成金が、多額の寄付をしたり公共事業などに資金を提供したりするのは、税制の違いもあるが、良心に照らして独り占めの後ろめたさを感じるからでもあろう。その点日本の成金は、悪いことをしていても、ばれない限りだんまりを決め込む場合が多い。他人にばれなければ「恥」ではないし、ばれたところで集団を動かす金の力があると思い込んでいれば、「恥」も恐れない「恥知らず」になってしまう。

　アメリカでは「誓い」も、大統領就任や裁判の証言の際に行われるように、神に対するものであり、日本のように漠然とした集団に誓うものではない。だからアメリカ人がいったん信仰そのものをなくしてしまうと、ブレーキを

かける機能もはなはだ弱くなってしまう。アメリカと比べて日本の犯罪率が極めて低い原因の1つは、この所属集団に対する恥の意識なのだろう。日本では反道徳的なことをして恥をかけば集団に居づらくなるからだ。

　もっとも、最近は奇異なものへの低俗な好奇心が視聴率と結びついて「恥知らず」なテレビ番組も増えてきたし、欧米流の自由や人権だけを振りかざして、欲望をコントロールする機能を見失ってしまった「恥知らず」な日本人も多い。宗教的な価値観を体系として持たない日本人が行動の拠り所としてきた古くからの「恥のCTR」は、確かに卓越を阻害し、画一化を促す消極的な側面を持ってはいたが、それは同時に調和的で規律正しい社会を出現させる機能も持っていた。しかし、「恥」の意識が薄れつつある今、それに代わるものを、私たちはまだ見つけられないでいる。何を恥とするのかということも含めて「恥のCTR」の再構築がいま日本人に求められているのではないだろうか。

〈同質〉と〈異質〉

　アメリカの子供と文通を始めて日本の子供が最初に驚くのは、自己紹介の内容である。髪や皮膚や目の色が書かれているからだ。一口に「アメリカ人」と言っても多種多様な人たちがいることに彼らは初めて気付く。何から何までほぼ「皆と一緒」の日本で暮らしていると、同質であることが当たり前で、異質であるのは特殊なことに思えてしまう。会社にしても、新入社員は集団に入ってすぐに同質化できるよう、まだ無色の新卒者を採用するのが当たり前で、アメリカのように経験者が中途採用で優遇されることは少ない。街に外国人が増えてくると危機感を覚え、異質なものを排除し、この同質性を何がなんでも維持しなければと思うのである。海外から取り入れた文明も、日本人は加工して同質化してしまう傾向がある。日本語の中の仮名、カタカナ語からカツ丼やカレーライスまで、同質化は日本のお家芸だ。外国語ですら、音声も発想も価値観も日本語と同質化して理解しようとする。

　日本人にとって同質であることは守るべき長所であり誇りである。だから現地の人たちに溶け込もうとしない駐在員とは逆に、外国に移住してそこで骨を埋める覚悟を決めたとたん、現地の集団と同質になろうとして容易に日本語や日本文化を捨てる。地域の移民のうちで祖国の言葉を最も速く失ったのが日本人であったという例は多い。

一方アメリカは、さまざまな人種や民族が独自性を残したまま共存しようとするサラダ・ボウルである。アメリカ人の多くは、その異質なものがぶつかり合うことで生まれるエネルギーや創造性を積極的に評価し、それを生かそうとしている。異質なものが異質なままで数多く共存する豊かな多様性は、アメリカの長所であり、誇りであると考える。

文化変形規則（CTR）の衝突例

¶　アメリカから来た留学生が日本の家庭にホームステイしたとき、個人の自由を認めてくれないと不満を訴えるのをよく耳にする。家に来たからには家族の一員なのだから、できるだけ同じ時間に寝起きをし、同じ門限を守り、同じ物を食べなさいと言われるし、個人的なこともいろいろ聞かれて嫌だと言う。日本人としては、他の家族と分け隔てなく同じように扱うことで留学生を大切にしているつもりなのだが、アメリカ人にしてみればプライバシーを尊重して個人の自由な行動を認めてくれなければ、大切にされていることにはならない。

¶　日本の幼稚園に子供を入れたアメリカ人女性が、毎朝運動場でする体操を見て驚いた。まだ4,5歳だというのに百人以上の園児が同じ制服を着て整列し、一斉に手を振り足を踏む体操にいったいどんな意味があるのかと言う。学芸会などの催しでも、アメリカのように個人ではなく、組単位で発表させるのも、個性が潰されてしまうのではないか気になると言う。常に集団の一員としての自覚を持たせ、集団として機能するための態度や動きを身につけさせる教育は、日本ではもう幼稚園から始まっている。

¶　2005年に誕生したAKB48は、数年後に国民的アイドルとなったが、研究生を入れると100人近い大所帯で、アメリカ人はその人気に首をかしげる。この感覚の違いは、学校でのクラスの違いから生まれるのかもしれない。日本では、クラスのメンバーは1年間いつも一緒で、一体感が生まれ、クラス対抗で競うこともよくある。アイドルグループをクラ

スに置き換えれば、身近な共同体として抵抗なく受け入れられる。しかしアメリカでは、授業ごとに個人単位で移動して別の授業を受けるので、いつも一緒にいる大所帯の集団に違和感を感じてしまうのだろう。

¶　アメリカに長い間住んでいた帰国子女は、例えば「松本君」と呼ばれるたびに変な感じがするとよく言う。自分は「青也」という個人なのであって「松本」という集団ではないという感覚だ。他人との関係における自分の基本的な立場は常に「青也」という個人である。自分と一心同体なのは常にファースト・ネームの「青也」であり、一番大切なのも「青也」なのだ。だから初対面のときには、何はさておき自分が「青也」であることを相手に伝えようとする。しかし日本では、個人としての自分が何者なのかを伝えることはそれほど重要なことではない。社会の最小単位が個人ではなく家庭という小集団だからだ。私は「青也」である前に「松本」である。印鑑も「松本」だけで、個人を限定する「青也」は抜けている。話に加わるときも、名前を明かさないまま、「どこどこの者ですが…」と所属集団だけを伝えればいい。

¶　外資系航空会社の保安検査員として空港で働いているゼミの卒業生の話によると、乗客を無作為に引き込んで行う保安検査で、アメリカ人は「なぜ私が選ばれたのか？」と質問してくるのに対して、日本人は「何で他のみんなはやらないのか？」という聞き方をしてくる場合が多いと言う。微妙な違いだが、「私」にスポットを当てて考える感覚と、「他のみんな」にスポットを当てて考える感覚の違いは、それぞれのCTRの違いによるものだ。

¶　アメリカで、日本では1人で食事をしているのを見られるのが嫌でトイレで食べている大学生がいるという話をしたら、一様に信じられないという顔をされた。アメリカの大学では、時間割にお昼休みがないところが多いこともあって、授業の合間に1人でさっさと食べて、そそくさと次の教室に向かう学生がむしろ多数を占めている。女子がトイレに行くのも集団で、という感覚は、アメリカ人にはなかなか理解してもらえない。

第3章

文化変形規則
『依存志向』対『自立志向』

　日本文化には、周りの人に〈甘え〉ようとする**『依存志向』**の文化変形規則（CTR）がある。そこでの人間関係は、〈人〉という字で表されるように、お互いに寄りかかり、〈優しさ〉重視で〈可愛がる〉依存型になる。一方アメリカ文化には、自分1人で自立しようとする**『自立志向』**の文化変形規則（CTR）があるので、人間関係は〈H〉という字が表すように、〈自助〉の精神が重視される自立型になる。そのために小さなときから〈強さ〉を〈育てる〉ことが理想とされる。

〈人〉と〈H〉

　日米の人間関係における意識の違いを、日本語の「人」という字と英語の"human"の頭文字「H」を比べて説明することがある。「人」は2人の人間が寄りかかっていて、まさに「人の世は持ちつ持たれつ立つ身なり、人という字を見るにつけても」であるが、「H」は2人の人間が自立していて、コミュニケーションのために細い線だけで結ばれているというわけだ。あるいは、それぞれお辞儀と握手をする姿を表していると考えてもいい。確かに日本では身内の集団の中で、お互いに依存し合い、甘え合う。年賀状の「今年もどうぞよろしく」は英訳不可能だ。しいて訳せば "Please be nice to me this year too."（＝今年も私によくしてください）とか "Please help me this year too."（＝今年も私を助けてください）あたりだろうが、こんなはがきをアメリカ人がもらったら、別に意地悪をするつもりもないのに、本人の体が不自由でもないのに、なんと弱々しく無責任な人間だろうと驚いてしまうに違い

ない。社員は上司にべったり甘え、妻は夫にべったり甘え、子供は親にべったり甘えて大学生になってもすねをかじる。

　甘えるということは可愛がってもらおうとすることである。だから社員も、妻も、大学生も、可愛らしく振る舞おうとする。可愛いものにはやさしくしてくれるからだ。上司に目をかけてもらい、夫に大事にしてもらい、親にわがままを許してもらうためには、無力な子供のように甘えるのが一番なのである。以前タレントについて「ぶりっ子」という言葉がはやったが、日本では可愛く振る舞うことが、人気を得る一番の近道である。2001年に秋葉原に誕生したメイド喫茶は、今では外国でも有名で、可愛らしさを強調したメイド服姿のウエイトレスが、客を主人に見立てて「お帰りなさいませ、ご主人様」と迎えてくれるそうだ。テレビの歌番組などで幼さや可愛さだけを売り物にした歌手が群がって登場する現象も含めて、やはり日本では「可愛い」ことが大きな意味を持っているようだ。

　一方、アメリカでは小さな頃から個人としての独立を重視しようとする。赤ちゃんのときから親とは別の部屋に寝かせるのが普通だ。ただの夜泣きなら、そのまま放っておかれることが多い。高校生になるとアルバイトをしている生徒も多く、それに合わせて、学校も7時台に始まり、午後は2時台に終わってしまったりする。ほとんどの州で16歳になれば運転免許が取れるので、車で学校に通う高校生も多い。大学生になると、親元を離れて一人暮らしをしようとし、学費もできるだけ自分で工面しようとするが、返済義務のない奨学金はそれほど多くはなく、勉強に忙しくてあまりアルバイトもできないので、借金をすることになる。2011年の調査では、アメリカの4年制大学生の少なくとも3分の2が借金をしており、卒業時の額は1人あたり平均して約2万6千6百ドルになるそうである。[1] その額はこのところ年ごとに増えてきており、最近では社会問題になっているほどだ。大学を出てからも親元にいると "He is too dependent."（＝親にベッタリだ）とか、"He's tied to his mother's apron strings."（＝お母さんの言うなりになっている）と言われるし、子供を外に出さない親は "They are not allowing their children to grow up."（＝子供を成長させない）と言われたりする。

　1992年に、25歳から34歳までの独身男性の3人に1人が親と同居して

1　TICAS (2013) *How to Improve Federal Student Aid and Increase College Access and Success*. p. 15.
〈http://projectonstudentdebt.org/files/pub/TICAS_RADD_White_Paper.pdf〉

いるという調査結果が出たとき、その記録的な数字に驚いて特集を組んだアメリカのテレビ番組[2]では、インタビューを受けた該当者や親が経済的な理由を挙げてしきりに弁解していた。レポーターは甘やかしている親も悪いと非難し、*The Peter Pan Syndrome* の著者 Dr. Dan Kiley が登場して「25歳を過ぎても独立しなければどんどん『弱虫』になっていく」と決めつける。どんな理由があろうとも、どんなにつらくても、独立しないことは情けないことである。ちなみにこの調査によれば、同じ年齢層で親と同居している独身女性は約2割しかいなかった。男性よりも少ない理由は、女性のほうが親との同居で何かと干渉されるからだと言う。「嫁入り前」の娘の8割が親元を離れて1人住まいをしているというのは、日本のCTRからは考えられないことである。日本では、親と同居する未婚者（18〜34歳）の割合は1980年代からあまり変わらず、2010年の調査[3]によれば、男性が69.7%、女性が77.2%となっている。

〈甘え〉と〈自助〉

　日本人の「甘え」の概念が英語で表現できないことに着目したのは土居健郎氏だが、確かに「甘える」という語感にぴったり対応する英語表現はない。『日本語大辞典』（講談社）では "behave like a spoiled child" と置き換えてあるが、"spoil" という言葉は「いいものをだめにする」という語感を持っており、"spoiled child" といえば、「可愛がられすぎて、すっかりだめな性格になってしまった子供」という悪い響きしか持っていない。つまり、自分に好意を持ってくれそうな相手に人なつっこく依存するという、日本ではほほえましくも思え、人間関係の潤滑油にもなっている行動が、依存的な行動であるというだけで、アメリカ文化の中では悪いイメージしか持たない。「ドラえもん」のアメリカでの放映が見送られたのも同じ理由からだ。
　甘えとは逆の自立的な姿を表す英語の "self-help" は、うまく日本語に直せない。「自助」という言葉もあるにはあるが、あまり使われない。アメリカでお客さんに対してよく使われる "Please help yourself." というセリフを、そ

2　ABC（1992）20/20.（1992年10月18日放映）
3　国立社会保障・人口問題研究所（2011）「第14回出生動向基本調査　結婚と出産に関する全国調査　独身者調査の結果概要」p. 14.
〈http://www.mhlw.go.jp/stf/shingi/2r9852000001wmnj-att/2r9852000001wmt0.pdf〉

のまま直訳して「どうぞご自分のことはご自分でなさってください」とでも言おうものなら、日本語としてはひどく冷たく響いてしまう。しかし普通この英語表現に対応するとされる「どうぞご自由にお召し上がりください」という日本語表現は、「何でもご自由にお好きなだけ」という点に力点が置かれているので、意味のうえで隔たりがある。アメリカで普通に使われている表現が、日本文化の中にそのまま置き換えられると悪い響きを持ってしまう例である。日本では、やはり主人が客の気持ちを察して料理も分量も事前に決めて差し出し、客は主人に依存してすべて任せておけば万事うまく事が運ぶ。毎日の食事でも、親が前もってそれぞれに料理を分けておいてくれる日本と、大皿から自分の皿に自分で決めた量を自分で取って食べるアメリカでは、CTRがまったく違うのである。だからタクシーのドアも、アメリカでは日本のように自動的に開いてくれないので、自分で開けることになる。

　さて、2人の男の前にビール瓶1本とグラスが2個あるとしよう。日本人ならまずどちらが先に注ぐかで「いやいや、私が」と、ちょっとした押し問答があってから、一方が持ったグラスに他方が注ぐ。注ぎ終わるとすぐ当然のことのようにそのビール瓶を一方が取り上げて、他方が差し出すグラスに注ぐ。これがマナーである。ところがアメリカは違う。一方が "Let me pour for you."（＝注ぎましょう）などと言って他方のグラスに注いだあと、自分のグラスにも自分で注ぐ。もし日本流にビール瓶を取り上げようとしたら、"What are you doing?"（＝何するの？）と、変な目で見られてしまう。ビール瓶が2本あっても日本では同じことである。しかしアメリカなら、それぞれが自分の近くにあるビール瓶を取って自分で注ぐのが一番自然である。相手にもビール瓶があるのに、わざわざ自分のビールを相手に注ごうとすれば、"You don't want your beer?"（＝ビールいらないの？）と言われてしまうかもしれない。まるでお互い赤ちゃんに "spoon-feeding"（＝スプーンで食べさせること）をするように甘え合おうとするCTRと、自分のことは自分でしようとするCTRの違いである。

　アメリカでは、1930年代にアルコール依存症の人たちが自発的に集まって、医者や弁護士などの専門家に依存するだけでなく、自分たちでどう対応したらいいかを話し合って考えていく "self-help group"（＝自助グループ）が生まれた。こうした取り組み方は、その後さまざまな病気や障がい、あるいは問題や悩みごとにも広がって、今ではアメリカ全土で盛んに行われている。日本でもその影響でいくつかのグループができてはいるが、一般的にはまだ

あまり知られていないし、敷居が高い。

　障がい者に対する態度にも違いがある。アメリカでは障がい者を助けるのではなく、障がい者の「自立」を助けようとする姿勢がある。障がいは可能な限り道具で矯正し、障がいに合わせて環境を整えることで自立のため手助けをすべきだと考える。近視の人が眼鏡やコンタクト・レンズを使うように、足が悪ければ車椅子を使えばいいし、階段にはスロープを作ればいい。1980年代にはすでに障がい者のためのスロープや手すり、聴覚障がい者のためのテレビ字幕放送もかなり普及していたが、1990年には、「障がいを持つアメリカ人に関する法律（Americans with Disabilities Act: ADA）」が成立して広範囲なバリア・フリー化が促進され、国内で販売される13インチ以上のすべてのテレビに字幕デコーダを内蔵することを定めた「テレビ・デコーダ法（Television Decorder Circuitry Act）」も制定された。障がいがあるからといって差別することは許されないが、障がいがあるというだけで甘えることも許されない。障がいを一つの個性と見なし、障がいのあるなしでなく、その人の能力によって判断する。自立のための平等な機会は与えるが、あとは能力の競争である。

　日本の場合は、障がい者の自立を助けようとする意識も制度も環境も遅れている。日本では自立を助けるのではなく、障がい者そのものを助けようとするので、彼らはいつまでも特別な人として「迷惑をかける」ことを気兼ねする。平等な機会を与えられないので、当然怒りや、逆に甘えも生まれる。この面では日本はまだまだ欧米に学ぶことが多いのは事実である。

　死に直面した場合も、日米では違う。2013年4月には、ワシントン州の末期がん患者40名が、いつどのように死ぬかを自分で決めようとして医者に致死量の薬を処方してもらい、24名が死亡していたという実態が医学誌で報告された。[4] これは同州の尊厳死法に従った合法的なものである。日本での尊厳死は、患者が自分の意思で延命措置をやめてもらって自然に死ぬこととされており、そのタイミングはほとんどの場合医者の判断に任されている。患者が自分で決めたタイミングで薬を使って死ぬことを医者が介助するアメリカとは、かなり隔たりがある。

　自国の安全保障についても、日本は敗戦後70年近くアメリカの核の傘に依存してきており、武力を行使できる軍隊を持たないという、世界でも珍し

---

[4] 朝日新聞（2013年4月12日）

い国だが、そのせいで自分の国は自分で守るという感覚が希薄になってしまっている。ある国際調査（2005, 2006）によれば、もし戦争になったら、"Would you be willing to fight for your country?"（＝国のために戦うことをいといませんか？）という問いに「はい」と回答したアメリカ人は63.1％だったが、日本人は24.6％しかなかった。[5]

〈可愛がる〉と〈育てる〉

　子供をベビー・シッターに任せて夫婦そろって外出したりするアメリカの夫婦を見て、子供の生活よりも大人の生活を重視する、いささか無責任な態度だと短絡的に考えてしまう日本人が多い。なるほど、アメリカでは子供のために親が一方的に多くのものを犠牲にしたり諦めたりすることは不自然だとされる。行きたいところがあれば出かけるのが普通である。一方、日本では「子供が…」という理由があれば、親は、特に母親は、好きなことができなくても当たり前のことと見なされる。本人も子供のためなら仕方がないと思い込んでいるので「子供に手がかからなくなるまでは…」と自分に言い聞かせる。子供中心なのである。大人の会話に子供が割り込んできても苦笑いで相手をする。しかしアメリカでは"Be quiet!"（＝静かにしなさい！）とか"Behave yourself!"（＝行儀よくしなさい！）とか言ってたしなめる。

　違いはかかわり方にある。日本の親は子供を可愛がり、アメリカの親は子供を育てる。「可愛がる」というのは子供を「愛らしいと思ったり、同情したりして、やさしく大事に扱う」（『日本国語大辞典』）ことであり、「育てる」というのは「生物が一人前になるまでの過程をうまく進むように助け導く」（同上）ことである。だから日本の親は子供が小さなうちは特に可愛がるが、中高生になって可愛げがなくなるとかかわり方も稀薄になって勉強させることしか考えず、しつけは学校や厳しい世間に期待する。一方アメリカの親は子供が小さな頃から中高生になるまで一貫して独立心を持つように育てる。親としての権威を保ちながら子供たちを小さな大人と見なして語りかけ、彼らの意見を聞き、小さな仕事を与えて責任を持たせる。同年齢の子供を比べてみると、アメリカの子供のほうがずっとしっかりした感じがするのは、そうした育て方の違いのせいでもあろう。子供が悪いことをしたとき、日本の親

---

[5] World Values Survey（2005, 2006）Willingness to fight for country. 〈http://www.wvsevsdb.com/wvs/WVSAnalizeQuestion.jsp〉

は子供を外に締め出してしまう。すると子供は中に入れてくれと泣く。甘えているからそれが罰になる。一方アメリカの親は子供を部屋に閉じ込める。何よりも自由が欲しい子にはそれが罰なのである。

〈優しさ〉と〈強さ〉

　日本の親は子供に優しさを求め、アメリカの親は強さを求めていると言える。例えば子供に読んで聞かせる『イソップ物語』の中の「アリとキリギリス」の話でも、日本の本では最後に困っているキリギリスに、優しいアリが食べ物を分けてやり、キリギリスはアリに感謝して働くことの大切さを知りました、というようなものが多いが、欧米のものではキリギリスが最後に飢えや寒さのために死んでしまうものが多い。良識や判断力を持たずに怠けていた者は、自分でその責任を取らなければならないのである。小さな息子が"Tom hit me."（＝トムがなぐった）と泣いて帰ってきても、母親は"You are a big boy now. Hit him back!"（＝男の子でしょ。なぐりかえしなさい！）とけしかける。母親に助けを求めるのは見当違い。自分のことは自分で解決すべきである。夏休みの子供キャンプでも、日本ではお互いに相手の気持ちを尊重して譲り合う協調性を養うことに重点が置かれるが、アメリカでは個人の独立心を育てることが目標とされる。他人の助けに頼らないで行動することを英語で"self-reliance"と言うが、これに対応する言葉でよく使われる日本語が見つからないのも、文化の違いの表れであろう。

　確かに日本人は小集団の中ではお互いに優しくしようとする。行きたくなくても付き合いで飲みに行く。酒のうえでの過ちは許してくれるし、二日酔いで会社に出かけて仕事がはかどらなくてもクビになることはまずない。せいぜい閑職に回されるくらいだ。転職する羽目になっても、上司は嘘のほめ言葉を連ねた推薦状を書いてくれる。ところがアメリカは違う。仕事帰りの付き合いも悪いし、酒のうえでの過ちは厳罰で、酔っぱらいはすぐ逮捕される。二日酔いでミスが重なればすぐに解雇だ。次の職探しで元上司に推薦状を頼んでも、正直なことしか書いてくれない。"Heaven helps those who help themselves."（＝天は自ら助くる者を助く）——それがアメリカのCTRなのである。必要以上に他人に優しくしてもらうことなど、もともと期待していない。他人を見る目も日米では違う。例えば親が離婚した子供を、日本ではとかく「子供に罪はないのに、かわいそうだ」と考えがちだが、アメリカで

は「困難に負けない、たくましい、しっかりした子だ」と考えようとする。やはり、強さこそが大切なのである。

　依存しないで自立できる強さを持ちたいという CTR は、アメリカの親の、子供に対する態度にも影響を与える。家族の写真を会社の机の上に飾ったり、財布にはさんで持ち歩いたりしている親が多いが、それは子供への愛情であって、依存ではない。子供の重荷になるよりも施設に入ることを自分から選ぼうとする意識は日本の親よりも強く、可能な限り子供に負担をかけないで 1 人で暮らそうとする。内閣府が 60 歳以上の高齢者を対象に 1980 年から 5 年ごとに実施している国際比較調査[6] によれば、2010 年の時点で子供と同居していない日本人の割合は日本で 56.1％、アメリカで 84.8％ だった。また「一緒に暮らしている人はいない」1 人暮らしの高齢者の割合は、調査が開始された 1980 年では日本で 5.7％、アメリカで 41.3％ だったが、30 年後の 2010 年には、それぞれ 12.8％、37.5％ となり、日本人の割合が増えた。それでもまだアメリカでは日本の約 3 倍の高齢者が 1 人住まいをしていることになる。

　だからといって、アメリカの若者が親を冷たく扱っているわけではないし、家族と共に過ごすことを避けているわけでもない。18 歳から 24 歳までの青年を対象とした「世界青年意識調査」(2009)[7] では、年老いた親をどんなことをしてでも養うと回答した日本の青年が 28.3％ だったのに対して、アメリカ人は 63.5％、休みの日をどのように過ごすかという質問（複数選択）で、「家族と共に過ごす」を選んだのは日本人の 31.9％ に対して、アメリカ人は 47.1％ だった。

文化変形規則（CTR）の衝突例

¶　ほとんど誰にでも "Hi!" と言えるアメリカ人の親しく対等な意識は世界でも珍しいとされるが、そうした表面の親しさに感激した日本人が、ちょうど日本語で「よおっ！」と呼び合えるような親しさや気軽さを期

6　内閣府（2010）「第 7 回高齢者の生活と意識に関する国際比較調査」
〈http://www8.cao.go.jp/kourei/ishiki/h22/kiso/zentai/〉
7　内閣府（2009）「第 8 回世界青年意識調査」
〈http://www8.cao.go.jp/youth/kenkyu/worldyouth8/html/mokuji.html〉

待して近づいていくと、あるところで冷たく突き放されて裏切られた思いをすることが多い。住所も勤務先も頻繁に変えるアメリカ人は、見知らぬ人とすぐに親しくなることをいわば余儀なくされている。あるところまではすぐに相手を受け入れるが、基本的には自立しているアメリカ人と、すぐには気を許さないが、いったん親しくなると一気に依存しようとする日本人のCTRが衝突する例である。

¶　日本に来たアメリカ人は列車などでの放送の多さにあきれる。「危ないですから白線まで下がってください」とか、「傘などお忘れ物のないように」とか、まるで子供に言うような基本的な注意をなぜ何回も繰り返すのかとうるさがる。しかし逆にアメリカに行った日本人は乗り物でのサービスの悪さに閉口する。何の案内放送もないまま電車が発車したりする。自分の判断と責任が重視される国なのである。だから歩行者も赤信号を平気で渡る。

¶　アメリカからの帰国子女である中学生A君の家庭では、友達が遊びにきても、母親がお菓子や飲み物を部屋に持って行ってもてなすということはいっさいしなかった。アメリカでは子供が自分で冷蔵庫に取りに行くのが普通で、子供の友達をお客さん扱いなどしない。それが日本人の友達には無視されているように感じられて、「あいつの母親は無愛想だ」と陰口をたたかれるようになってしまったと言う。

¶　子や孫を装って、高齢者をだましてお金を巻き上げる詐欺は、「オレオレ詐欺」、「振り込め詐欺」、「母さん助けて詐欺」などと名称を変えたが、いっこうになくならないようである。この話を聞くと、ほとんどのアメリカ人は信じられないと言う。たとえ本当の子供や孫の声だと思い込んでも、不始末は当人の責任なので、頼まれてすぐに大金を振り込んだりはしないと言う。なるほど、いくつになっても子供をひたすら可愛がる日本人相手ならではの犯罪なのだろう。

第4章

文化変形規則
『形式志向』 対 『自由志向』

　日本文化には、〈型〉通りにしようとする**『形式志向』**の文化変形規則（CTR）がある。〈標準〉的な〈定型〉通り、〈画一〉的なことをするのが集団の〈規律〉になっている。何か新しいことを始めるときも、今ある〈型〉の〈模倣〉から始めようとする。一方、アメリカ文化には、〈自由〉にしようとする**『自由志向』**の文化変形規則（CTR）がある。〈個性〉の〈多様性〉を尊重し、型よりも〈中身〉を重視する。何か新しいことを始めるときも、〈法律〉に抵触しない限り、〈変化〉をつけて〈独創〉的なものにしようとする。

〈型〉と〈自由〉

　お茶を飲むなどという、一番くつろいだときにすることを、なぜ日本人は「茶道」などという難しい型にはめてしまうのか、もしコーヒーがもっと早く日本に入っていれば、今ごろは「コーヒー道」ができていただろう、とアメリカ人は笑う。確かに日本人は、字を書くだけのことでも「書道」にしてしまったし、匂いをかぐだけのことでも、「香道」にしてしまった。しかし、外に表れた形や典型としての型を重視しようとする気持ちは日本人の心に深く根ざしたCTRなのである。日本では幼稚園から職場まで同じ型の制服を着せようとするところが多い。先生が黙って黒板に書くことを生徒全員が同じ姿勢で黙々とノートに書き写している様子や、当てられるたびに立ち上がって答える姿、あるいは形が整うようにいつも背の順に並ばされている生徒たちの姿はアメリカ人には異様な光景だ。日本では高校でも細かい校則で生徒

を同じ型にはめこもうとし、少しでも型から外れて目立つことは非行の始まりと見なされる。そのせいか、大人になってもフォーマルな服装は得意だが、カジュアルな服装で、と言われると困ってしまう。入学、卒業、入社の際には式を行い、型通りの挨拶や誓いの言葉などを聞かされる。会社に入ってからも新人研修で「礼儀作法」の型を教え込まれる。

　一方アメリカ人にとっては、型は個人の選択と行動の自由を奪うものでしかない。儀式や形式は自由な意思の疎通を妨げるものである。だから形だけのために自分がしたいことを我慢するということはない。忍耐は無意味なのだ。例えば大学にしても、学生が自分の小さな子供を教室に連れてきて、隣の席でおとなしくお絵描きをさせたりして遊ばせておくのはよくあることだ。犬を連れてくる学生もいるし、授業の途中でも自由に退席してコーヒーを買って戻る、というのもごくありふれた光景だ。4月の初めに一斉に入社式をする日本の会社と違って、アメリカの会社には入社式などなく、いつから働けるかを聞いたうえで、個別に決められるのが普通だ。

　日本では型が基本であり、その型がよくできていればいるほど、それだけで完結したもので、それ以上は必要としない。余分なものはすべてそぎ落とし、それでいて豊かなのである。ニューヨークでいろいろな国から来た人たちの家を訪れたが、一般的に日本人の部屋はあまり飾りがない。乱雑に散らかしている部屋はどの国も共通だが、「きれいな部屋」についての美的基準は微妙に違うような気がした。アメリカで「部屋をきれいにする」ということはいろいろな小物や色彩を使ってきれいに飾り立てることだが、日本で「部屋をきれいにする」ということはいろいろな物を片付けて、さっぱりきれいにすることだ。床の間には型通りに一幅の掛軸と花一輪しかなくても、見る者が見れば、そこに無限の自然が広がるのである。

　大きな自然を小さな型にはめ込もうとするのが日本人の好きな俳句の世界だが、文学的な評価はともかく、きっちり五・七・五と簡潔に収まっていれば、それだけで立派な作品に思えてしまう。定型詩こそ日本の伝統なのである。多くの機能を小さな型に凝縮する精密機械の製造が得意なのも、自然の樹木の形を小さな植木鉢に再現する盆栽に惹かれるのも不思議ではない。絵画にしても日本画は伝統的な型が決まっている。型の中でいかに技巧を凝らすかが勝負の世界だ。その点洋画は形式も色使いも対象もまったく自由と言っていい。

〈標準〉と〈多様性〉

　日本では、何でも標準的なものが一番とされ、物の考え方も標準の型にはめ込もうとする。ある小学校で「雪が溶けたら何になりますか」という問題に生徒が「春」と答えたらバツになったと言う。親の抗議に先生は、気持ちはわかるが、答えはやはり「水」でなければと答えたそうだ。日本は標準に到達した者に「よくやった！」と声をかける文化で、標準から外れた者を「おお、すごい！」と認める文化ではない。

　1980年代には、なかなか結婚しない娘に、女性はクリスマス・ケーキなのだから、24になれば真剣に相手を探さなければ、と親が説得した。25には半額で、26過ぎになるとたたき売りになってしまうというわけだ。ちなみに男は年越しそば、31までには結婚するのが標準で、この年齢までが、それぞれの結婚適齢期だった。それから30年、今は結婚年齢が高くなったが、それでも日本の女性は30を前にすると急に焦り始める。合コンや見合いでも、30を過ぎると圧倒的に不利になるからだ。アメリカでは、個性や経験なども含めて総合的に評価するので、ある特定の年齢までに何としても結婚、という意識は稀薄である。日本の話をすると驚いて、いい人に出会ったときが適齢期ではないかと言う。

　大学や大学院にしても、アメリカでは一度社会に出て働いてから進学する人も多く、高等教育を受ける時期をそれぞれが自由に決めている。自分が本当に必要とするときに入ればいいという考え方だ。日本でも大学院レベルでは、最近かなり年齢の幅が出てきたが、やはり大多数は大学から続けて大学院へ進学する。アメリカ人は空間でも時間でも型に縛られるのを嫌うが、日本では決められた型通り「〜らしさ」を大切に、「〜らしく」生きていくことが求められ、それ以外の選択肢は少ない。

　新聞についても、日本では標準的な全国紙が圧倒的に読まれている。2012年の調査では、日刊紙の発行部数は、日本が約4千8百万部、アメリカが約4千6百万部とほぼ同じだが、種類は日本の106に対してアメリカでは1427と、約13倍にものぼる。[1] アメリカの大きな都市では、それぞれ独自の新聞が読まれている。2008年における世界の新聞発行部数ランキングを見ると1

　1　日本新聞協会（2013）「各国別日刊紙の発行部数、成人人口1,000人あたり部数、発行紙数」〈http://www.pressnet.or.jp/data/circulation/circulation04.html#pageTop〉

位が読売新聞で約1千4百万部、2位の朝日新聞が約1千2百万部、3位の毎日新聞が約6百万部と、日本の新聞がトップを独占しているのに対して、アメリカでは1位の *USA Today* でも約2百万部しかなく、いかに日本と比べて多様な新聞が読まれているかがわかる。[2]

〈型〉と〈中身〉

　日本にある古くからの型は、皆がそれをいいと思ってきたから続いてきたのであって、いまさらなぜそういう型が存在するのかなどと考えている暇があったら、まず古くからのしきたりや作法を覚えることだ、と考える日本人は多い。長く守られてきた型には、それだけの奥行きがあり、深い人間の知恵が隠されている。新しい物はつかの間、魅力的に思えるが、すぐに飽きてしまう。伝統の型は最初面白くなくても時間が経てば経つほど味わいが出てきて良さがわかってくる。最初は我慢して型から入れば、やがて中身の面白さがわかってくる。そう聞かされて、小学生の頃から朝礼で校庭に並ばされて面白くもない校長先生のお話をじっと我慢して聞いていた。話の中身など何も覚えていないところをみると、結局最後まで中身の面白さはわからなかったのだろう。教育内容にしても、何の役にも立たないようなことやまったく興味が持てないことがあまりに多すぎて、勉強は我慢比べだ。そんな勉強を毎日強制されるので、決められた型に従ってただ耐え、我慢をするという態度だけは確実に身についた。

　型通りに動く我慢強い人間は、均質性の高い製品を造るのには不可欠である。そして製品自体も規格化されれば大量生産が可能になる。かくして日本は電気製品にしろ自動車にしろ、規格品の大量生産では世界に実績を誇れるようになった。

　1989年に古式に則(のっと)って行われた天皇陛下の即位の礼の儀式を見て、外国からの来賓が「これだけ秩序正しく整然とできるのは世界中で日本だけでしょう」と感心したそうだが、世界一かどうかは別にして、型通りにするのは日本人が最も得意なことであるのは確かである。日本では「型通り」にしない「我流」の人は型を知らない人であり、育ちが悪く、無教養な人である。

2　世界ランキング統計局（2012）「世界の新聞発行部数ランキング（2008年）[世界新聞協会（WAN）]」〈http://10rank.blog.fc2.com/blog-entry-48.html〉

格式としての「型」は、ときとして命よりも大切なものである。『忠臣蔵』では仇討ちの前に山鹿流の陣太鼓を叩く。音を立てないで、いきなり背後から切り付けて卑怯者呼ばわりされるよりは、音に気付かれて逃げられたり返り討ちにあったりするほうがましだ。切腹のときも白装束に身を固め、辞世の句などを詠んでから「型通り」に見事に割腹できるかどうかで当人の品格が決まる。「型」が決まってこそ、見事な生き死にとなる。

スポーツでも、日本ではまず型を身につけることから始まる。テニス・クラブの新入部員は、素振りの練習を何時間も繰り返す。野球選手は打撃フォームを徹底して直される。その結果、アメリカ人選手のような型破りのフォームをするものはほとんどいなくなる。しかしだからといって、中身が伴うとは限らない。

夫婦の関係も中身より形だ。愛情がなくなればすぐ離婚を考えるアメリカと違って、日本の夫婦は内実がどうであれ、子供や世間体のために夫婦という形を大切にしようとする。国際調査でも、子供は両親のそろった家庭が必要だという意見に対して、"Tend to disagree"(＝そうとは思わない)と否定的な回答をしたのは日本では 11.0% だけだったが、アメリカでは 37.1% だった。[3]

言葉のうえでも型は大変重視される。「型通り」の表現を知らないと挨拶もできないし、手紙ひとつも書けない。しかし型を覚えてしまえばむしろ簡単に済ますことができる。例えば、お悔やみのときはどんな場合でも、悲痛な表情を顔に浮かべて「ご愁傷様でした」とだけ言えば、それがすべてを伝えてくれる。「愁傷」がどんな意味なのか知らなくてもいい。ところが英語にはこれほど万能な "stock phrase"(＝決まり文句)はなく、死んだ人と自分との関係や、死因や、遺族の状態など、いろいろな状況を勘案してその場にふさわしい慰めの言葉を考え出すことが期待されている。おいしい料理をご馳走になったあとでも、日本人なら少し語調を強めて「本当にごちそうさまでございました」と言えば済む。しかし相手がアメリカ人なら、どの料理がどういう点でどれほどおいしかったのかをいちいち考えて表現しなければ満足してくれない。

毎日の「いってきます」、「いってらっしゃい」も、「おかえりなさい」、「た

---

[3] World Values Survey (2005, 2006) Child needs a home with father and mother. 〈http://www.wvsevsdb.com/wvs/WVSAnalizeQuestion.jsp〉

だいま」も定型表現だが、これに相当する英語の挨拶はない。日本語を習い始めたアメリカ人は、毎朝 "I'm leaving." とか "Oh, you're leaving." とか言うのかと笑ったりする。そんなときはいつも、その定型表現に込められた気持ちを教えるようにしている。例えば友達が「きのう映画を見た」と言ったときと、「きのう映画を見てきた」と言ったとき、どちらが感じがいいかといえば、「映画を見てきた」のほうである。それは「映画を見て(ここに戻って)きた」という表現だからだ。「私の居場所は、あなたと一緒のこの場所なのです」という表現には、相手を大切にする思いやりの気持ちが込められている。それと同じで、朝の「いってきます」は「(これから学校や仕事に) 行って(この場所に戻って) 来ます」で、「いってらっしゃい」は「(それでは) 行って(またここに戻ってい) らっしゃい」という気持ちの表現だ。「おかえりなさい」は、待ち遠しくて家の外に出て「(早く) お帰りなさい」と思わずつぶやくような気持ちが、帰ってきた相手に溢れ出た表現だ。帰ってきたほうも、「(帰りたくて帰りたくて、やっと) ただいま (帰れました)」と応える。この、相手を思いやり大切にする気持ちを知ると、アメリカ人は感心する。「さようなら」も「いただきます」も、そこに込められた気持ちを知ると、どれも奥深く、気に入って使い始めるアメリカ人もいる。

　しかし、日本語の型にはまった慣用表現には、気持ちとかなり離れてしまっていて、何を伝えたいのかはっきりしないまま使っているものもある。例えば研究室を出て行く学生が、よく「失礼します」と言うのもそうだ。「(本当はもっといるべきなのですが、お先に) 失礼します」というわけではなく、学生は何も失礼なことはしていない。むしろ出て行かないほうが失礼である。あるいはもう何年も会っていない人で、今年も会いそうにない人が年賀状に書いてくる「今年もどうぞ宜しくお願い申し上げます」。それを受け取って、去年何もしなかった私にいったい何を頼んでいるのだろうなどと考える必要はない。まったく「型通り」の表現は、言葉の内容とは関係なく、ちゃんと「型通り」のことをしましたよ、ということを伝えるだけでいいのだ。

　中身が何であれ、一度「型」を作ってしまえばしめたものだ、と日本の商人は考える。クリスマス・ケーキがそうだ。アメリカでもクリスマスには同じようなケーキを食べていると思っている日本人はまだたくさんいる。1970年代あたりに普及し始めたバレンタイン・デーの行事もしかり。女性から男性にチョコレートを送るという純日本製の型がすっかり定着して、チョコレート売り場に若い女性が群がって毎年異様な風景だ。さらに型を大切にする結

果、「好きです」という気持ちがない、本当に「型」だけの「義理チョコ」なるものが登場した。さらに恩返しのCTRに従って、「ホワイト・デー」が生まれ、今度は男性がお菓子売り場に群がるようになった。「初めはまったく反響がなかったのですが、おかげさまで最近は売り上げが目覚ましく伸びて喜んでおります」と、仕掛け人の全国飴菓子工業協同組合の中年の男性がテレビに出てニコニコしているのを見たとき、紛れもなくここは日本だと思ったものである。その後も商魂たくましく、女友達に贈る「友チョコ」、自分に贈る「自分へのご褒美チョコ」、家族に贈る「ファミチョコ」と次々に業界が流行を仕掛け、贈る対象は多様化しているが、相変わらずなぜ2月14日にチョコレートなのかという中身を考えることなく、一斉に型に従うばかりだ。

〈模倣〉と〈独創〉

　日本人は真似がうまいとよく言われる。確かに外国の文明を瞬く間にコピーしたり、それに少し手を加えて自分たちの生活に取り入れたりすることは得意である。古くからの茶華道でも、まず師匠が模範の型を示し、弟子はそれを真似ることを繰り返しながら基本的な型や方法を会得する。茶道の小習いについて書かれたものにも、「習うとは先輩諸氏の真似をするということにつながります。練習、一生懸命に真似るということでしょう」とある。[4] 個性や独創性は、基本を完全に真似して修得したうえでのことであり、「学ぶ」という日本語自体、古語の名詞「マナ（真似）」から動詞として「マナブ」と「マネブ」に変化したもので、「学ぶ」と「真似る」は同源とされる。[5]
　日本の庭も自然を真似たものである。小さな自然を庭に再現したり、借景として周りの自然をそのまま取り入れたりする日本の庭は当然非対称であるが、欧米では人工的な整形式庭園が多く、幾何学的、対称的な美を求める伝統が強い。なかには動物の形に刈り込んだ植木などもあるが、ほとんどの日本人には悪い冗談にしか思えない。

　4　松尾宗倫（1984）『茶道松尾流　子習　上』松蔭会. p.3.
　5　杉本つとむ（2005）『語源海』東京書籍.

〈画一〉と〈個性〉

　アメリカの人口は日本の約2.5倍なのに、面積は約25倍もある。だからアメリカ人から見れば、日本は東京を中心街とする1つの大きな都市のよう思える。同じ都市の住人だから、画一的に同じように考え、行動するのは当然だ。だから彼らは、「日本文化は…」と一括りにして話そうとする。しかしこちらが「アメリカ文化は…」と言い始めると、「そんなものはない。皆が違う個性を持った個人なのだ」と反論する人が多い。一般化されることを嫌い、型にはめられることを嫌がる。そうしたCTRそのものが、実はアメリカ人らしさなのである。

　一方、日本は型にはまらないと住みにくい国である。左利きの人しかり。皆と同じでないというだけで苦労することが目に見えているので、親は小さなうちに左利きを直そうと躍起になり、子供に精神的な障がいを与えることすらあった。"lefty"（=左利き）がごく自然に受け入れられ、"lefty"用のさまざまな生活用品が売られているアメリカとは違う。日本では常に個性よりも所属集団の画一性が尊重される。服装でも、言葉でも、表情でも、身振りでも、行動でも、それぞれの職業や、性別や、年齢や、立場にふさわしく、他の人と同じものでなければならない。

　日本では皆同じなのだという建前がある。本音では、どんな子供でも努力次第でプロ野球選手にでもピアニストにでも歌手にでも画家にでもなれるなどとは誰も思っていない。一流のプロ野球選手や歌手が、学生時代、全科目がよくできたなどとも思ってはいない。それなのに学校では、すべての子供がすべてのことをかなり高いレベルまで身につける能力を持っているはずだし、また身につけさせなければならないという前提で授業が行われる。だから日本中の小・中学校では、ほぼすべての生徒が、ほぼ同じ頃に、ほぼ同じ授業を受けている。生徒は一人一人違う個性を持っているのに、皆同じだと見なして同じものを与えるのは、平等の尊重というよりは画一化である。それぞれの子供がそれぞれの個性を生かして社会に貢献できるように、それぞれに異なった平等な機会を与えて育てようという教育ではない。だからアメリカで小学3, 4年頃から普通に行われている能力別クラスや個人指導が日本ではなかなか普及しない。能力の高いものに与えられるアメリカの"education for gifted children"は、文字通り「神によって特別な才能を与えられた者に対する教育」だが、こうした考え方は日本にはなじまない。アメリカな

ら14歳の小学生も高校生もいるが、日本では全員中学生だ。同じ頃に皆で同じところに修学旅行に行き、同じ頃に入試を受け、同じ頃に就職試験を受けて4月1日一斉に入社する。

　服装にしてもそうだ。原宿辺りを歩いてみれば、いま流行の色や形がすぐわかる。ところがニューヨークのタイムズ・スクエアを歩いてみても、Tシャツだけの人もいれば、長袖の毛皮をまとった人もいて、流行どころか季節さえよくわからない。旅の土産も日本人なら決まったものがある。パリに行けばこれ、ディズニーランドに行けばあれしかない。だから常に日本人はその店に群がっている。アメリカ人は逆に、誰も買わないような珍しいものはないかとあちこち探し回る。

　小・中学生の頃から日本では全員に同じことをさせる。それはとりあえず知識の量を競争させることである。いくつかの科目の内容をできるだけ多く頭に詰め込むという、同じ作業を全員にさせる。生徒の善し悪しは個性の違いではなく、同じ型でこなす知識の量の多少、つまりは偏差値で決める。個性を大切にというお題目でさまざまな入試が始まり、いろいろな資料を提出させるが、結局筆記試験の成績を一番重視している。怠慢ではない。同じ物差しで公平に区別するとなると、やはり知識の量しかないと考えてしまう。結局受験生は同じことを求められ、同じことをし続ける。問題は同じ物差ししか用意できない日本のCTRそのものにある。

　若者の夢も同じだ。たいていは同じような型にはまったもので、違いは収入が多いか少ないかくらいだ。女性ならば、平均よりは少し多めに稼ぐ優しく誠実な夫と、2人の可愛い子供がいれば、普通の平凡な家庭でいいと口をそろえて言う。普通が、平凡が、いい。つまり、皆と同じであればいい。自由に自分の個性を伸ばし、年齢とともにますます魅力的になることなどあまり考えてはいない。「型破り」な女など、日本ではどこか不格好である。

　"She is exceptional."（＝彼女は普通ではなく、例外的だ）という文がどんな響きを持っているかにも、2つの言語の背後にある価値観の違いが表れている。英語のほうは、普通「彼女は極めてレベルが高い」と彼女をほめる表現として受けとめられる。しかし日本語で「彼女は普通ではなく、例外的だ」と言えば、「彼女は変わっている。どこかおかしい」というマイナスの評価に聞こえがちである。日本では標準から外れていると、「へん（変）！」と一括して否定されてしまう。変わっていることは、それだけでもうダメなことなのである。普通でないことが、変わっていることが良いこととされるアメリ

カ文化と、悪いこととされる日本文化の違いである。

〈定型〉と〈変化〉

　いったん型ができ上がると、物事は「型通り」に進むと日本人は考える。だから人を雇うときにも契約を交わさない。当然「型通り」に行動することが期待されているからだ。しかしアメリカ人はそうは考えない。人は常に変わるものだという前提がある。今日はぴったり型にはまっていても、契約で型に縛りつけておかなければ、自由を求めて明日は何をしでかすかわからないと考える。

　結婚という型についても、中身はともかく、できるだけ保持すべきだと考えるようだ。2007 年に 18 歳から 24 歳までの青年を対象として行われた国際調査[6]では、「いかなる理由があっても離婚すべきでない (11.8%)」と「子どもがいれば離婚すべきではない (48.4%)」を合わせると 60.2% の日本人が離婚に反対している。同じ項目で、それぞれ 7.1%、8.2%、合計で 15.3% しか反対しなかったアメリカ人とは好対照である。アメリカ人は、中身が伴わなければ、結婚という形に日本人ほど執着しない。別の国際調査[7]で "If a woman wants to have a child as a single parent but she doesn't want to have a stable relationship with a man, do you approve or disapprove?"（＝もし女性がシングル・マザーとして子供を作り、男性とは安定した関係になりたくないと言ったら、認めますか、認めませんか？）という問いに、認めるという日本人は 21.6% だったのに対して、アメリカ人は倍以上の 52.2% が認めている。

〈規律〉と〈法律〉

　アメリカでは法律がいたるところに顔を出す。契約書には細かいことが羅列してある。日本ではそれほど法律が話題にならないし、契約書は、ただの形式として詳しく目を通さないことも多い。その代わり、アメリカでは法律

　6　内閣府（2009）「第 8 回世界青年意識調査」
〈http://www8.cao.go.jp/youth/kenkyu/worldyouth8/html/mokuji.html〉
　7　World Values Survey (2005, 2006) Woman as a single parent.
〈http://www.wvsevsdb.com/wvs/WVSAnalizeQuestion.jsp〉

や契約に明記されていないことについては大幅な自由が許されている。そして、自由というよりは「放縦」、「無秩序」、「無責任」と言ったほうがいいような勝手気ままさも街のあちこちに溢れている。一応法律で決められていても、赤信号などは平気で無視して渡ってしまう人がほとんどだ。車も来ない交差点で日本人が律儀に信号を守っているのは不思議な光景だと言う。

　東日本大震災の際にも略奪がほとんどなかったことを外国のメディアは感心して伝えていたが、日本では、しきたりや行儀、礼儀などのこまごました規律が集団の決まりとして個人の行動を律している。この明記されていない型としての規律が集団を支配していることが、日本の犯罪率が低い大きな原因なのだろう。前出の国際調査[8]では、「他人に迷惑をかけなければ、何をしようと個人の自由だ」という項目に対して、アメリカの若者は「そう思う（49.2%）」と「どちらかといえばそう思う（31.4%）」の回答者の合計が80.6%であるのに対して、日本の若者は、それぞれ8.5%と21.4%で、合計しても29.9%にすぎない。

　世界各地から来たほとんどの人が、日本が安全であることに感心する。夜間も路上に出したままの自動販売機が襲われないのが信じられないという外国人も多い。田舎で見かける「ここにお金を入れて商品を持っていってください」という無人販売が成り立つのは奇跡だと言う。犯罪の発生率についても、犯罪白書[9]によれば、2010年の窃盗の認知件数はアメリカが日本の3.1倍、殺人は5.3倍だった。

　日本では大麻（マリファナ、ハシシュ）を持っているだけでも、すぐに逮捕されるが、アメリカでは1996年にカリフォルニア州で医療大麻法が成立し、医者による処方箋で簡単に入手できるようになった。それを皮切りに、多くの州で合法化されたが、2012年にはワシントン州でついに嗜好用大麻の私的使用が合法化された。12月6日付けの*The New York Times*は、この新法が発効した当日、合法化を祝う数百人の市民がマリファナ・パーティーを開いたシアトルで、もう1つ、同性婚を認める法律も発効して何百人もの同性カップルが結婚許可証（Marriage License）を手にしたと報じている。

　定型から外れる自由を手にしたという点ではこの2つは同じだが、同性愛

　8　内閣府（2007）「第8回世界青年意識調査」
〈http://www8.cao.go.jp/youth/kenkyu/worldyouth8/html/mokuji.html〉
　9　法務省（2012）「平成24年版犯罪白書」
〈http://hakusyo1.moj.go.jp/jp/59/nfm/mokuji.html〉

は生まれつきの個性として尊重すべきである一方、麻薬は本人の意思で陶酔状態を得ようとするものである。大麻の害は煙草よりも少ないという報告[10]もあるが、脳の機能に意図的な影響を与えるものを厳しく取り締まろうとする日本の姿勢は健全である。少量保持でも懲役刑になるのはG8の国で日本だけだとしても、それができている日本を私たちは誇りに思うべきではないだろうか。

　とはいえ、最近の日本では、しつけられていない子供や若者の姿が目につくようになった。少子化や核家族化で、子供を大切にするあまり甘やかしてしまったり、どうしつければいいのかわからない親が多く、家庭での教育力が低下していることは確かなようだ。そこで、しつけを教えてくれる保育園や幼稚園が人気を集めたり、小学校や塾でマナー講座が流行したりする。小学校によっては、横断歩道を渡りきったら、待っていてくれた車にお辞儀をしなさいと指導して、その様子が動画で紹介され、世界中の人から感心されたりもする。日本人がよく使う「ちゃんとしなさい」という言葉には、間違いや乱れがなく、規律が守られている状態への、日本人の願いが込められている。

　ただし、型を教え、作法を求めるときは、そこに合理的な理由がなければならない。理想とされる形が、元を糺せば古くからの男尊女卑という差別によるものであったり、強者の都合で弱者に押しつけるものであってはならない。「躾（しつけ）」は日本で作られた字だが、文字通り、しつけられて正しい姿勢を身につけた人は美しく健康で、しつけられず、自由気ままに崩れた姿勢を続けていると、いろいろな病気を引き起こすこともある。姿勢を正しくしつけることに合理的な理由があるように、型の躾には、しつけられる本人が納得できる合理的な理由がなければならない。それがあってこそ、日本の躾は日本を超えて、世界に通用するものとなる。

10　Mark J. Pletcher, et al.（2012）Association Between Mrijuana Exposure and Pulmonary Function Over 20 Years. *JAMA*. 2012; 307（2）: 173–181.

文化変形規則（CTR）の衝突例

¶　日本に来たばかりのアメリカ人に相撲のテレビ中継を見せたことがある。すぐに尋ねられたのは、なぜ最初の仕切りで戦わないのかということだ。私にも理由がわからなかった。次に横綱の土俵入りを見ながら、何のためにあんなことをするのかと聞く。これもわからなかった。ただ、そう聞かれて初めて、大相撲がいかに型を重視しているかということに気が付いた。相撲だけではない。弓道でも「残心」といって、矢を放ったあとの構えの型が問題にされる。全日本柔道選手権大会でも、決勝戦が始まる前に8段とか9段とかいう高齢の有段者が講道館に伝わる型を披露することになっている。アメリカのスポーツではそんなことは考えられない。世界ヘビー級選手権試合が始まる前に高齢の元ボクサーがリングに登場し、腕を突き出して「ストレート」の型を披露したりはしない。

¶　日本の大学でアメリカ人教師を採用しようとしたときのことだ。学歴も業績も申し分なく、最後の面接が行われた。人柄も良さそうでほとんど文句なく決まりかけたとき、通勤にどれくらいかかるかという話から、彼はふと、アパートに女性と住んでいると言った。奥さんかと聞かれて、いやガールフレンドだと答えた。そして結果は不採用であった。アメリカでは結婚の前後を問わず、男女関係のさまざまな形が自由に試みられており、その自由は最大限に保証しようという空気がある。どんな形で異性と付き合っていようと、それと仕事とは何の関係もない。しかし日本では型をきちんと守れない人間はだらしない人間であり、何かにつけて信頼できないのではないかと考える人も多い。ちなみに未婚女性の出産について日米を比較すると、その違いが歴然とする。アメリカでの婚外子の割合は2002年の資料で33.96％にも上るが、日本は2003年の時点で1.93％でしかない。[11] 子どもは戸籍法に基づき婚姻の届出をした夫婦によるもの、という形がまだしっかり守られている。

11　内閣府（2004）「婚外子割合の国際比較」『平成16年度版少子化社会白書』
〈http://www8.cao.go.jp/shoushi/whitepaper/w-2004/html-h/html/g1211040.html〉

¶　愛知県の中学に配属されたアメリカ人 ALT（＝外国語指導助手）が初めて教室に入って驚いたのは、生徒が男女の違い以外は全員同じに見えたことと、正面の黒板の上に掲げてあった「本校の書写姿勢」という大きなパネルであったと言う。そこには背筋を伸ばしてノートをとっている男女の生徒を正面と横から撮った写真がのっていたそうである。さまざまな人種が混在して、制服もなく、一人一人がまったく違って見えるアメリカの生徒たちが、自由な姿勢で、くつろいで授業を聞いている情景を見慣れた目には、型にはまった日本の生徒たちがよほど異様に映ったのだろう。

¶　型にはめるという点では、血液型で性格を診断する日本人をアメリカ人は不思議がる。科学的な根拠はともかく、人間の実に多様な性格を、たった4つに分けられるはずがないというのだ。しかし、日本人には4つもあれば十分。型にはめることで、逆にその人の性格の見えない部分までわかったような気がする。今まで何度も科学的な研究対象になり、ほとんどの場合、血液型による違いはないという結論だったが、それでもこの血液型信仰は、いまだに日本人の間に根強く残っている。

¶　居酒屋などに集まって懇親会をするような場合、日本人は全員がそろうまで待ってから「乾杯！」となる。パーティーでテーブルにビールとグラスがあっても、誰かが乾杯の音頭を取るまでは、手をつけようとしない。ところが日本に来たばかりのアメリカ人は、そうした習慣を知らずに、勝手に飲み始めようとすることがよくある。彼らに言わせてみれば、「どうしてみんな一斉に飲み始める必要があるのか？」ということだろう。まさに CTR の違いである。

¶　日本に住むアメリカ人が不満に思うことの1つが、マニュアル通りのことしか認めようとしないことだと言う。例えば日本のレストランに入って定食を頼むときに、その中の一品が嫌いなものなので、それを抜きにしてくださいと言うと、奥に聞きに行って、たいていそれはできませんと言うそうだ。アメリカでは、客の好みに応じて料理を作るのが当然なのに、なぜそれができないのか理解できないと言う。

第5章

文化変形規則
『調和志向』対『主張志向』

　日本文化には、相手や周りの人たちに合わせようとする**『調和志向』**の文化変形規則（CTR）がある。暖かい人間関係を保ちながら集団としてうまく機能しようとする日本人は、何よりも調和を重視するので、〈義務〉も多い。可能な限り対立を避けて相手に〈適応する〉ために、自分の主張を伝えるときも〈婉曲〉な表現で〈曖昧にする〉。対立するよりは〈引く〉ことを選ぼうとする。〈建前〉は話すが、本音は〈隠す〉のが処世術である。

　一方、アメリカ文化には相手と対立してでも自分を主張しようとする**『主張志向』**の文化変形規則（CTR）がある。異質なものが混在しているアメリカでは、常に周りに向かって自分の〈本音〉を〈はっきりさせる〉ことが大切である。自分の主義・原則に〈こだわる〉のも自分の〈権利〉であり、自分の考えを〈率直〉に〈表す〉態度、つまり〈押す〉姿勢が必要とされる。

〈曖昧にする〉と〈はっきりさせる〉

　アメリカでは自分の考えをはっきり表現することを求められる場面が多い。自分の言いたいことをはっきり雄弁に語ることは高く評価される。一方、日本では、あまりはっきり口にするのは繊細さに欠け、品位がないこととされる。だから日本では来客に何も聞かないで茶やコーヒーを出し、客も出されたものを飲む。しかしアメリカでは、例えば "What would you like to have? We have coffee, tea, coke and orange juice." （＝何がよろしいですか。コーヒーと、紅茶と、コーラとオレンジ・ジュースがありますが）のように前もっ

て質問される場合が多い。日本流に"Anything will be fine."（＝何でも結構です）では答えにならない。レストランに入っても、卵の入った料理を注文すると、卵はどうしますかといちいち聞かれる。"scrambled"（＝炒り卵）か"fried"（＝焼き卵）か、"fried"ならば"sunny-side up"（＝目玉焼き）か"over"（＝両面焼き）かをこちらで決めて伝える必要がある。ドレッシングやポテトについてもいちいち好みを聞かれる。お昼にサンドイッチを食べたくても、パンの種類から何を挟むかまで、こと細かに伝えなければ作ってくれない。ビールやコーラでも銘柄まで指定するのが普通だ。日本なら、「コシヒカリ」か「あきたこまち」か「ひとめぼれ」か、あるいは白米か玄米か胚芽米かを特定しなくても、おいしいご飯は出てくるし、「ビール」「コーラ」とだけ言えば、向こうで適当に選んで持ってきてくれる。

　これは、近所のコンビニでのできごとである。筆者の前に並んでいた中年の男性がレジの店員にお弁当を差し出した。「温めますか」と聞かれて、「あー、どっちでもいいわ」と言う。困った店員が再度「どうされますか？」と聞くと、少し切れ気味に「だからぁ、どっちでもいいって言っただろ！」と語気を強めた。あっけにとられた一瞬の沈黙のあと、店員は「温めますね」と言ってお弁当を電子レンジに運んだ。アメリカでは考えられないやりとりである。アメリカでは「言われたことしかやらない」のが当たり前で、言われないことをどうしてできるのだと考える。それどころか、自分の気持ちをはっきり表現できない人は落ちこぼれと見なされてしまう。

　そうした落ちこぼれを集めてアメリカ各地で行われた"assertiveness training"（＝自己主張訓練）では、アメリカ社会に不適応な態度として次のようなものがリストに挙げられていたそうである。[1]

・自分の気持ちを出さない。
・（圧力などに）押されている。
・自己否定的。自分の権利だと思っても言わない。
・「いい子」と言われるように努める。
・直接当事者にものを言わない。間接的表現をする。
・自分の気持ちに正直でない。
・傷ついてもそのときは主張せず、どこかで仇をとろうと策略する。うら

1　志知朝江（1988）『異文化シンドローム――日米摩擦の渦の中で』北泉社. p. 189.

みや怒りを他のところで発散させる。
・その結果いらいらする、自己嫌悪に陥る。劣等感を抱く。

　これはまるで日本人そのものではないか。日本ではこれが美徳なのである。はっきり自分の気持ちを主張して相手と対立してしまうと、すぐ感情的な対立になって後々まで尾をひく。いくつかの国際機関に勤務してきた関本のりえ氏によれば、ある国際機関では日本人だけを対象に「西洋社会ではいかに振る舞うべきか」とか「どんな風に自分を売り込めばいいか」などをテーマにしたセミナーが開催されているそうである。それに対して日本政府はクレームを付けるどころか、感謝しているふしさえ見られると言う。[2]
　会議でも、日本人は意見が対立して後々しこりを残したりしないように、事前に根回しをして反対意見が出ないようにする。一方アメリカ人は、意見を戦わせなければ、会議を開く意味がないと考える。意見が違うなら、それを言わないであとで誤解されたり、考えのない無能な人間と思われたりするよりは"I have to disagree."（＝賛成できません）と言って、その理由を論理的に説明する。感情的にならずにお互いがはっきりと自分を主張し、それでも合意できないときは"agree to disagree"（＝意見が違うという意見が一致する）として友好的に論争を打ち切る、というのがアメリカ人の理想だ。国際調査でも、"I seek to be myself rather than to follow others."（＝他人の真似をするより私らしくしたい）という考えに"Agree strongly"（＝強く同意する）を選んだ日本人は16.5％だったが、アメリカ人は倍以上の38.4％だった。[3] だから次の日米の有名な処世訓は見事に好対照である。日本の「世の中は、さようしからばごもっとも、そうでござるか、しかと存ぜぬ」、そしてアメリカの"It is the squeaky wheel that gets the grease."（＝油をさしてもらえるのは、ギーギー音をたてる車輪だ）である。
　日本では他社製品を引き合いに出す比較広告は反発を招いて逆効果であるというのが広告会社の判断らしい。1991年の3月にテレビで放映されたペプシ・コーラの比較広告は、歌手のM.C.ハマーが歌の途中でコカ・コーラを飲むとメロメロになってしまい、再びペプシを飲むと元気を取り戻すという、

2　関本のりえ（2011）『世界で損ばかりしている日本人』ディスカヴァー・トゥエンティワン．pp. 83–84.

3　World Values Survey（2005, 2006）I seek to be myself rather than to follow others. 〈http://www.wvsevsdb.com/wvs/WVSAnalizeQuestion.jsp〉

他愛もない内容であったが、コカ・コーラからの抗議で5月に打ち切られてしまった。8月になって復活したが、なんと今度はコカ・コーラの缶にモザイクがかかり、字幕も「コカ・コーラ」が「他のコーラ」に変えられていたのだ。何とも不自然な広告であったが、その後現在に至るまで、他社製品との比較広告はほとんど目にしない。比較するのは自社の旧製品と新製品である。しかしアメリカでは比較広告が多く、ありとあらゆる角度からライバルの製品をけなす情け容赦のなさは、すさまじいばかりである。対立を恐れず、ズバリと主張させるアメリカのCTRと、相手との対立を避けて、回りくどく「他のコーラ」と言わせた日本のCTRはまさに好対照である。

よくアメリカ人は"Yes"か"No"かはっきり答え、日本人は"Yes and No."と曖昧に答える傾向があると言う。二元論と多元論の違いと言ってもいい。確かに英語は主語の後にすぐ動詞がくるので、理由や経緯を伝える前に結論を言ってしまうことになる。アメリカ人が「ズバリと言う」印象を与えるのは、そのせいでもある。しかしはっきり言うことが相手を傷付けるような場合は、アメリカ人でも、もちろんそれなりに気を遣う。"You are wrong."（＝君は間違ってる）と言うよりは"Well, I think you may be wrong."（＝あのですねえ、そうじゃないかもしれないと思うんです）などと断定を和らげるのが普通だ。相手を批判するときも、相手自身を批判しているのではないことを強調して、こうすればもっと良くなるのではないかと提案をしたりして、いわゆる"constructive criticism"（＝建設的な批判）になるように気を配る。しかし、日本人のようにダメだとわかっていても、"Well, it's very difficult, but I'll see what I can do."（＝そうですね、極めて難しいですが、何ができるか検討してみましょう）などと言ったりはしない。そんなことを言えば、アメリカ人はかなり見込みがあると思ってしまうからだ。

日本語そのものが、状況依存度の高い曖昧な言語だとよく言われる。確かに英語と比べると、主語が頻繁に省略されるので前後の文脈で判断するしかないし、結論を最後に言えばいいのでしゃべりながら途中でまったく逆の内容にすることもできる。単複を区別することもなければ、冠詞で特定か不特定かを区別することもない。しかし世界の言語の中で考えてみると、日本語のこうした特徴は珍しいものではなく、むしろ英語のほうが不必要な区別や言葉の多い、変わった言語であるとも言える。また日本語には助詞の使い方など、英語と比べてよほど論理的で明確な部分もある。つまり、日本語が一般に言われるように曖昧で非論理的な印象を与えるとしたら、それは言葉自

体の問題ではなく、日本人特有のCTRによるものなのだ。「さあ行きましょう」とはっきり言う代わりに「そろそろ行きましょうか」と言い、「3つください」ではなく「3つほど頂けますか」と言うのは日本語の問題ではなく、断定を避けて相手に裁量の余地を残しておこうとする話者の態度のせいだ。日本では誰かがいきなり「はっきり言って…」と言い始めると、周りが何事かと緊張してしまう。考えてみれば、はっきり言うこと自体はむしろ望ましいことで、何の問題もないはずなのだが。

中元や歳暮を贈るときも、何の言葉も添えないことがよくある。状況から判断すればどんな気持ちで贈ったかわかるはずで、言葉を書き連ねる必要はないと思うのだろう。利害が衝突したときでさえ、出るところに出て裁判で白黒をはっきりさせるというのは最後の手段で、できれば玉虫色の示談で曖昧なまま、どちらも傷付けずに一件落着としたい、というのが日本のCTRである。アメリカで自己主張のための訴訟費用に使われるお金が、日本では調和のための交際費に使われる。

日本はこのところ領土問題に悩まされている。2012年に尖閣諸島を国有化したことをきっかけに、中国の反日的報復措置が今も続き、竹島を占拠している韓国からは領有権を主張され、ロシアからの北方領土一括返還も雲行きが怪しくなってきた。そして相手国が実力行使に出るたびに、日本の弱腰外交が非難されている。ここでも日本文化に根ざした調和のCTRが働いていて、主張して衝突するのは避け、周囲の人たちと調和の取れた関係になろうとするからだろう。お互いに仲良く調和していくことが大切だとする「和をもって貴しとなす」というCTRが、聖徳太子の時代から今も脈々と続いていて、自己主張せず、したがって議論も交渉もうまくできない日本人を生み出しているようだ。

しかし、調和も相手次第である。相手が根拠のない不当な主張をするなら、こちらの主張を筋道を立ててはっきり伝えるべきだし、相手の実力行使には、こちらもそれを阻止するだけの実力を備えるべきである。相手によっては、調和のCTRを一時保留にして、主張のCTRを働かせなければ、クレーマーやモンスター・ペアレントも付け上がるばかりである。

〈婉曲〉と〈率直〉

1971年に筆者が初めてアメリカに留学したとき、煙草の箱に"Warning:

the Surgeon General Has Determined that Cigarette Smoking Is Dangerous to Your Health."（＝警告：公衆衛生局長官は喫煙が健康に悪いと断定しました）とはっきり書いてあるのに驚いたものだ。喫煙が体に悪いということはすでに各方面から指摘されていたが、それを明確に表示する率直さが新鮮であった。当時日本の煙草には何の注意書きもなかったが、いずれ厚生省あたりの圧力で書くことになったとき、いったいどんな文句になるだろうかと楽しみにしていた。やがて出現した文句は「煙草の吸いすぎに注意しましょう」。これは何かを伝えているようで実は何も伝えてはいない。「～のしすぎ」というのは何であれ悪いことなのだから注意しなければならないのは当たり前のことだ。言葉に期待し、言葉を信頼するアメリカでは考えられない文句である。

　その後日本では、1990年から「あなたの健康を損なうおそれがありますので吸いすぎに注意しましょう」となり、2005年からやっと警告文を8つの中から2つ表示することが義務づけられ、少なくとも1つには具体的な病名を示すことになった。一方アメリカでは、2009年に"Family Smoking Prevention and Tobacco Control Act"[4]（＝家庭内喫煙予防・煙草規制法）が成立し、パッケージの裏表の上半分に、喫煙を続けるとこうなりますよという生々しい画像入りの警告表示をしなければならないことになった。これについては、その後表現の自由の観点から異論も出ているが、ニューヨークなどでは、2013年になって、さらに店頭での陳列販売を禁止する方針を出したりしている。喫煙の害は同じなのに、あまり角が立たないように、遠回しに言う日本と、ズバリと言うアメリカの違いである。

　この違いは言葉遣いにも表れている。「皆様にはお変わりございませんか」などと言うときに「に」を入れるのは、主語をはっきり指し示すのを避けるためである。はっきり言うと失礼になる、ぼかせば慎み深く聞こえるという感覚が日本人にはある。「お仕事のほうはいかがですか」の「方」も同じだ。店などでは、むしろ最近になって行きすぎた表現を耳にするようになった。対比するものもないのに「カードの方はお持ちですか？」「靴の方はこちらに」「お釣りの方は320円です」などと、遠回しに言うことで丁寧な感じを出しているつもりなのだろう。

　4　FDA（2009）Overview of the Family Smoking Prevention and Tobacco Control Act. p. 2.
〈http://www.fda.gov/downloads/TobaccoProducts/GuidanceComplianceRegulatoryInformation/UCM336940.pdf〉

英語と比べて、一般的に使われる侮辱の言葉が日本語に少ないのも、相手と仲良く調和を保とうとするCTRのためではないだろうか。数少ない罵り言葉も、「馬鹿（野郎）」「阿呆」「たわけ」「ブタ」「唐変木」などで、何とも婉曲で柔らかい響きを持っているが、英語には"Four-Letter Words"（＝4文字語）を含めて、下品で率直な表現がたくさんある。アメリカの女子大生などが、それを普通に使っているのを聞くと、最初は信じられない思いがする。この点では、日本語は確かに上品な言葉である。

〈隠す〉と〈表す〉

　日本文化では、周りとの調和のために自分の考えや感情を隠して明確に表現しないことが良いこととされる。悟りの境地は言葉では伝えられず、師の心から弟子の心に直接伝えるほかはないとして、「以心伝心」や「不立文字」を標語としている禅宗の影響もあるのだろうが、日本人はどうも言葉の役割をあまり信用していないところがある。「あの人は口がうまい」というのは決して尊敬ではない。巧言令色少なし仁。むしろ警戒心の表れである。逆に「あの人は口下手だ」と言われている人なら信用できそうな気がする。本当の気持ちは黙っていても伝わるはずだから、いっそのこと口に出さないほうがいい。言えば嘘にも聞こえるし、思わぬところで角も立つ。昭和の後期に人気を集めた日本映画『男はつらいよ』[5]の主人公である寅さんは、いつも「それを言っちゃあ、おしめいよ」とたしなめた。人の気持ちを傷付けることを最も嫌う日本文化である。だから劇の観客なども満足したときは拍手をするが、不満なときは別に何も言わない。

　一方、誤解されないように自分の考えをはっきり表現することが一番いいことだと考えるアメリカ人は、言葉だけでは足らず、豊かな顔の表情や指や手の動きなど、体のすべてを動員して伝えたいことを表現して見せようとする。満足した観客はもちろん拍手をするが、不満なときにも「ブーブー」と口をならしたり、親指を下に向けた手を突き出したりして表現する。自分をうまく表現する訓練は、教育でも一貫して重視されている。幼稚園の頃から"Show and Tell"（＝見せて話す）という時間があって、皆の前で自分が持ってきた物について話をさせる。さらに早いところは小学校から、遅くても高

5　1969年の第1作から1995年の第48作まで続いた世界最長の映画シリーズ作品。

校から大学まで、"Public Speaking"（＝人前での話し方）というコースがあり、実際に人前で話をさせながら、どうすれば上がらずに話せるかとか、説得力のある話ができるかなどを教えていく。自分の考えを堂々と主張する訓練は徹底して行われる。ある国際調査によれば、自分の考えを周りの人に主張する合法的なデモについて、参加するかもしれないと回答した人が日本人の31.7%に対してアメリカ人は54.8%、どんな状況になっても絶対に参加しないと回答した人が、アメリカ人では30.2%だったが、日本人はその倍近くの58.2%であった。[6]

　隠しておくことに奥ゆかしさを感じる日本人の美意識は、なにも言葉に限ったことではない。贈り物も中身を隠したまま渡し、受け取ったほうもそのままにして中身を見ようとはしない。着るものにしても日本の着物は体の線を隠すように作られており、洋服は表すように作られている。あるいは羽織にしても昔は内側の見えない部分にお金をかけてお洒落をしたと言う。相手がそれを見抜いてくれることを期待するわけだ。見えないからといって、それがわからないような者はしょせん下衆である。寿司屋にもそんなところがある。今まで食べた分の料金が明示されないからといって不安になるような客はしょせん下衆なのだ。居酒屋で頼んでもいないのに出てくる「お通し」もメニューには書いてないし値段もわからない。だからといって、回転寿司はいいが伝統的な寿司屋はぼったくりだ、お通しをメニューにはっきり書けと言うアメリカ人は、このCTRがわかっていない。

　臭いについても、自分の存在を主張するような香りはあまり好まれない。生まれつきの体臭の強弱もあるが、ニューヨークの夏の地下鉄などでは、いろいろな臭いに取り巻かれて閉口することがある。体臭を香水の強い香りで紛らわせようというわけだ。それと比べれば、日本の地下鉄は無臭と言っていい。無臭にこだわる日本人の気持ちの根底には、臭いで目立って周りに迷惑をかけるより、臭いを消すことで周囲と調和したいという配慮がある。アメリカ人は香水を持ち歩き、日本人は消臭グッズを持ち歩く。

　日本では喜怒哀楽のあからさまな表現も品がなく恥ずかしいこととされる。大相撲で勝ったときのガッツポーズは頂けないと苦言が入る。うれしくても悲しくても、顔に出さないのが名横綱だ。隠そうとするあまり、ときには行

　6　World Values Survey（2005, 2006）Political action: attending lawful/peaceful demonstrations.〈http://www.wvsevsdb.com/wvs/WVSAnalizeQuestion.jsp〉

きすぎて逆の感情を表現してしまうことすらある。「顔で笑って心で泣いて」である。地下鉄に飛び乗ろうとして階段を必死に走り下りたまではいいが、もう少しのところで扉が閉まってしまったときなど、なぜか電車の中からこちらを見ている人を意識してニヤッとする照れ隠しの笑いは、ぶざまな姿を見せた恥ずかしさをごまかそうとする笑いだが、アメリカではあまりお目にかからない。アメリカ人なら"That's life."（＝仕方がないな）という感じで肩をすくめてニコリとすることはあるが、それは自分の苛立ちを抑えようとする笑いで、恥ずかしさのせいではない。まして日本人のように「不合格だったんです」とうれしそうな顔をしてみたり、他人に迷惑をかけた気まずさからニヤニヤしたりするアメリカ人はめったにいない。困惑や悲哀や怒りを隠す役目も引き受けて、日本の笑いの守備範囲はアメリカよりもずっと広い。デッド・ボールを当ててニタッと笑った日本人投手に殴りかかったアメリカ人は、このCTRを知らなかったのである。

　日本人は人前で鼻水が出てくるとすすり上げようとするが、アメリカ人はあたり構わず鼻をかむ人が多い。筆者が出席したアメリカのある学会で、研究発表をしていた妙齢の女性が、聴衆のほうを向いたまま突然ポケットからハンカチを取り出して音を立てて鼻をかんだときには驚いた。発表の内容は今ではすっかり忘れてしまったが、そのときの状況はいまだにありありと覚えているほど私には衝撃的な光景であった。日本人ならしきりに鼻をすすって鼻水を隠そうとするが、アメリカ人にはその音が大変不愉快に聞こえる。なぜ中途半端に隠そうとするのか、大きな音を立てても出してしまったほうが、よほど気持ちいいのにと不思議がる。

〈建前〉と〈本音〉

　日本に来て、女子大生が頻繁に口にする「まじ?!」や「うっそー!」の意味を知らされたアメリカ人が、最初侮辱されたような気がしたが、やがて嘘の多い日本ではもっともなことだと悟ったと言う。彼の言う「嘘」とは「建前」のことであった。契約が拠り所のアメリカでは、言葉は日本よりはるかに重い。契約は必ず守らなければならない約束である。しかし日本では、しばしば契約は建前で、状況によって融通をきかすことが大切なことだとされる。あくまで契約通りになどというのは杓子定規で大人げない。契約はあくまで建前で、本音の変化によって裁量の余地があるのが日本のCTRなので

ある。

　日本ではお肉のお代わりがしたくても、最初は「いやもうたくさん頂きました」と断り、もう一度勧められたときに初めて「そうですか、それじゃあ」とお皿を差し出すのが常識だが、アメリカで日本流に "No, thank you. I've had enough."（＝いえ、結構です。もう十分頂きました）と言ったら最後、二度とお肉にはありつけない。素っ気ないものである。アメリカ人に言わせれば、"Say what you mean, and mean what you say."（＝考えている通りに言いなさい、そして言っている通りに考えなさい）となるのだろうが、見せるべき自分、いわば努力目標としての自分と、現実の自分の違いを建前と本音で区別する日本のCTRは、日本人にとってはそれなりの存在理由がある。現実の自分は、面倒なことは避けたいが、理想とする自分は、付き合いのいい良い人でありたい。だからつい「お近くにいらっしゃったら、ぜひ遊びに来てくださいね」と言ってしまう。

〈引く〉と〈押す〉

　人間の欲望は「逃避・休息」の欲望と「接近・獲得」の欲望に大別されるとする考え方があるが、さしずめ日本人は前者の、アメリカ人は後者の欲求が強いと言えるかもしれない。日本人は小さなときから「人に迷惑をかけないように」などと「〜するな」という消極的な態度を教え込まれ、アメリカ人は小さなときから "Be a good citizen!"（＝良き市民たれ！）のように「〜しなさい」と、積極的な態度を持つように教えられる。国全体としても、日本はわずかな期間を除いて世界のさまざまな動きに積極的に対応しようとはしなかった。四方を囲む海を絶好の垣根と見なして、黙って中に引きこもって「逃避・休息」の欲望を満足させていた。海外との交流も、植民地政策をとった一時期以外は常に海外の文明を受け入れるだけの一方通行で、発信しようとはしなかった。同じように海に囲まれていても、それを外国に通じる道路と見なして積極的に外に出かけ、雄弁に語りかけて「接近・獲得」の欲望を満足させたアメリカ人の祖先たちとは正反対である。

　"He is reserved."（＝彼は控え目だ）と言えば、日本では慎み深い人間としてプラスのイメージにつながるが、アメリカでは面白みのない、あまり付き合いたくはない奴というマイナスのイメージになってしまう。だからアメリカの教室で先生に意見を求められたりすると、大学生になっても皆先を争う

ように発言して論争を挑む。そんなアメリカの学生たちの姿から、日本人留学生は"aggressive"（＝攻撃的な、けんか好きな）という言葉を連想する。そして日本人の頭の中では、普通この言葉は悪いイメージしかない。しかし英語では、面白いことに、この言葉が「反対することを恐れない、積極的な、力強い」という良い意味でも使われるのである。攻撃的でけんか好きなことが場合によってはいいことでもあるというアメリカのCTRがこんなところにもはっきり働いている。そうしたアメリカでの教室の雰囲気が当たり前だと思っているアメリカ人教師が日本で教壇に立つと、質問をしたとたん、わかっていても下を向いて押し黙ってしまい、当てられて初めて答えるという日本人学生の受け身の態度には怒りすら感じてしまうのである。

　日本人がアメリカ人と話しているのを見ると、たいてい日本人は途中で何度も相づちを打っているのに、アメリカ人はそれほどでもなく、むしろじっと相手を見つめながら自分の意見をまとめているかのようである。日本人とアメリカ人の相づちとうなずきの頻度を調べた研究によると、日本人はアメリカ人の約2倍相づちを打ち、約3.3倍うなずくそうだ。[7] まったくあなたのおっしゃる通りですというように大袈裟に何度も相づちを打たれてアメリカ人は悪い気がしないそうだが、日本人のほうは相手が自分の意見に賛成していないのか、それとも自分の言っていることがわからないのかと不安になってくる。特に電話などでは、相づちを打たないアメリカ人としゃべっていると、聞こえているのか心配になってくる。お互いのCTRを理解しなければ、とかく誤解のもとになる態度の違いであるが、日本人のほうが従順であることだけは確かなようだ。

〈適応する〉と〈こだわる〉

　その場の雰囲気でも人間関係でも、日本人はおおむね適応力に富んでいる。こだわったり逆らったりはあまりしない。その場が初詣の神社なら、皆と一緒に賽銭を投げて柏手を打つ。お葬式なら当然数珠を手に焼香をあげる。クリスマスにはプレゼントを交換し、クリスマス・カードを送り、結婚式で初めて教会に入ったりもする。アメリカ人のような、主義、主張、信仰などへ

7　泉子・K. メイナード（2009）『ていうか、やっぱり日本語だよね』大修館書店. pp. 144–152.

のこだわりや執着はない。アメリカでは、キリスト教信者ではない人に、うっかり"Merry Christmas"とは言えないので、"Happy Holidays"と書いてあるカードが好まれたりする。

戦前はアメリカを鬼畜米英と憎んでいたはずなのに、降伏したとたん、日本人は誰も彼らに刃向かおうとはせず、あらゆる面でありがたく指導を仰ぎ、言われる通りに軍国主義から民主主義に改宗した。昨日の敵をいともたやすく今日の友として迎えてしまう適応性にはアメリカ人も驚いたことだろう。宗教上の対立から内戦を繰り返している世界各地の紛争も、日本人にはいまひとつ理解できない。なぜそんなことでお互いに譲れないのだろう、というのが大方の実感だ。日本人にとって正義は絶対的なものではなく、そのときに力のある多数の者の正義が自分にとっても正義になる。

白黒をつける裁判に関しても、日本の有罪率の高さは有名である。2012年度版の犯罪白書[8]によれば、裁判確定人員のうち、無罪になったのは、わずか0.02%、裁判を受けた人の、なんと99.98%が有罪になっている。30%前後が無罪になるアメリカとは大きな違いだが、日本では、裁判官と検察官の間で交流人事などによる癒着があり、無罪になりそうな者や、法廷での対決が予想される者は不起訴とする暗黙の了解があるためだとされている。

主義主張にこだわらないことが、背景の思想抜きに世界の文明のいいところだけをいち早く取り入れて日本が急速に発展できた最大の理由であろう。漢字から仮名を作り出したように、外来文化のいいところだけを日本に合うように加工して自分のものにしてしまうのは、古くからの日本の得意技だ。いいと思ったものは何でも取り入れはするが、主義主張にこだわらないので影響を受けることも少なく、根本的な変化はない。「顔がない」と言われようが、「何を考えているのかわからない」と言われようが、「イエス、イエスとうなずきすぎる」と言われようが、「ずるい」と言われようが、それが日本のCTRなのだ。長い間縦書きであった日本語も欧米に合わせていとも簡単に横書きにしてしまう。英語でも同じように縦書きができないわけではない。慣れれば結構便利かもしれないが、アメリカ人が日本人に合わせて英語を縦に書いてくれる姿は想像できない。

8　法務省（2012）「平成24年版犯罪白書」
〈http://hakusyo1.moj.go.jp/jp/59/nfm/mokuji.html〉

〈義務〉と〈権利〉

　たとえそれが権利であっても、自分だけ有給休暇を取るのはどうも気が引けるというのが日本人である。アメリカのエクスペディアが 2012 年に行った有給休暇の取得率調査によれば、対象となった世界 22 の国と地域の中で、日本が 38% で最下位、アメリカは 83%、下から 2 番目の韓国でも 70% というから、際だって低い値だ。[9] 相手や周りに合わせるために、したくないことでもしなければならないという「義務」の感覚はよく理解できるが、自分を主張する「権利」の感覚はいまひとつ身についていない。

　日本人は閉鎖的集団の中で皆と同じことをしているので、多数者の価値観や行動に異議申し立てをする少数者のための「人権」という感覚が、なかなか実感できない。政治にしても、政府や役所を「お上」として、年貢代わりの税金を納める義務は感じているが、「お上」に対して納税者としての権利を行使しようという意識はあまり持っていない。アメリカでは、政治家が選挙のときなどに "You deserve a better life."（＝あなたはもっといい生活をする権利があります）と権利ばかりを強調する。

　国際化時代を迎えた今、国際的な「お上」は国連になったが、日本はやはりありがたく言いつけを守るばかりで、アメリカのようにそれを自国の権利や利益の追求の場とは考えない。日本人にとっては、権利よりも妥協や調和のほうがなじみやすい。だから基本的人権から女性の権利や嫌煙権にいたるまで、「〜権」と名のつく考え方はたいてい欧米からの受け売りにすぎない。

　NHK が 2008 年に行った日本人の意識調査[10] に、「憲法によって、義務ではなく、国民の権利と決められている」と思うものを 6 つの中からいくらでも選んでもらう、という調査項目があった。6 つとは次の項目である。

　ア．思っていることを世間に発表する
　イ．税金を納める
　ウ．目上の人に従う

　9　エクスペディア（2013）「有給休暇国際比較 2012」
〈http://www.expedia.co.jp/corporate/holiday-deprivation2012.aspx〉
　10　NHK 世論調査部（2009）「日本人の意識変化の 35 年の軌跡（2）」『放送研究と調査』2009 年 5 月．pp. 4–5.
〈http://www.nhk.or.jp/bunken/summary/research/report/2009_05/090501.pdf〉

エ．道路の右側を歩く
オ．人間らしい暮らしをする
カ．労働組合を作る

そして調査が始まった1973年からの35年間で、正解率が上がったのはオ．の生存権（70%→77%）だけで、ア．の「表現の自由」と、カ．の「団結権」は、それぞれ49%から35%、39%から22%へと下がってしまっている。

日本人は何かひどいことをされても、事を荒立てて調和を乱すよりは、我慢して泣き寝入りをする人が多い。確かにひどいことをされたが、いま私が弾劾しなくても、あんな人はきっとまた同じようなことをして、皆に嫌われていつか惨めな思いをするだろうと考える。

日本でも「セクハラ」（= sexual harassment）という言葉がすっかり定着したが、この概念はアメリカからの輸入されたもので、日本語では「性的嫌がらせ」と訳されている。しかし「嫌がらせ」とは「相手のいやがることを、わざわざ言ったりしたりすること」（『広辞苑』）なので、わざとではない言葉や振る舞いは嫌がらせではなく、日本では大目に見られてきた。しかし"sexual harassment"のほうは、"Sexual harassment may embrace any sexually motivated behaviour considered offensive by the recipient."（= セクハラは、性的な動機によるもので、受ける側が不快に思うあらゆる振る舞いを含む）(*Encyclopædia Britannica*) と定義されているように、受ける側の主張が重視される。例えば職場に水着の女性の写真が貼ってあるのは、男性がその写真を気に入っているからにすぎず、「性的嫌がらせ」ではないので以前は見過ごされてきた。しかしそれを不快に感じる同僚女性にとっては、まさに「セクハラ」で、抗議する権利があるという感覚だ。

アメリカ人がいかに自分の権利を主張する意識が強いかは、弁護士の多さを見てもわかる。2011年の時点で、人口10万人あたりの弁護士の数は日本の25.14人に対してアメリカは368.00人と、約15倍である。[11] アメリカのテレビで何度も繰り返される「あなたに代わって訴えます。すぐフリー・ダイヤル1–800–○○○○○○○にお電話ください」というようなメッセージ

11　法務省（2013）「法曹人口に関する基礎的資料」p. 34.
〈http://www.moj.go.jp/content/000102262.pdf〉

を聞いていると、訴えなければ損だという気になってくるのだろうか。

　銃犯罪による死者の数が交通事故による死者の数を上回ろうとしている[12]のに、銃を持つ権利を放棄しようとしないアメリカ人の意識も、やはり日本人にはわからない。2013年4月、銃規制の法案が上院で否決されたとき、オバマ大統領は"All in all, this was a pretty shameful day for Washington."（＝あらゆる意味で、今日はワシントンにとって実に恥ずべき日だった）と嘆いたが、この法案は銃の「廃絶」ではなく「規制」にすぎない。それすらなかなか可決されないアメリカには、日本人には理解しにくい感覚がある。2012年12月コネティカット州の小学校で20人の子供と6人の大人が射殺されるという惨事があったが、その1週間後、全米ライフル協会（NRA）副会長のウェイン・ラピエール氏は、記者会見で"The only thing that stops a bad guy with a gun is a good guy with a gun."（＝銃を持った悪人をとめることができるのは、銃を持った善人だけだ）と述べ、すべての学校に武装警官を配備すべきだと主張した。隣近所の人を信頼して仲良く暮らしていこうとする日本人には、隣近所の人がおそらく銃を持っていて、いつ何をしでかそうとするかわからないと身構えるアメリカ人がかわいそうに思えてくる。

文化変形規則（CTR）の衝突例

¶　ある大雪の日であった。校門に向かう急な坂道で雪のために車がスリップして登れず、やむなく下の路上に駐車した女性教師が帰りに車に戻ってみると、駐車違反につき署まで出頭せよというラベルが貼ってあった。隣に停めてあった同僚のアメリカ人男性教師の車にも同じラベルが貼ってあったので彼女は彼と連れ立って出頭した。係の警官に彼女が事情を説明し、誠に申し訳ございませんでしたと何度も頭を下げたら、警官は特別な日だから今回は大目にみますが、これからどんな場合にも違法駐車はしないように、と注意して放免してくれた。廊下に出ると、まだ日本語がわからないアメリカ人の同僚が「さっきしきりに頭を下げていたが

12　Bloomberg（2012.12.20）"American Gun Deaths to Exceed Traffic Fatalities by 2015"

何か謝ったのか？」と聞くので彼女が説明すると、彼は烈火のごとく怒り出し、今すぐ部屋に戻って抗議すると言い出した。大雪で市民が困っていたら、融雪剤でも撒きに来るのが公僕の務めであるのに、こんなときに駐車違反の取り締まりをするとは言語道断だと言ってやると言う。彼女が必死になって彼を止めたのは言うまでもない。

　なるほど、大雪の日の駐車違反取り締まりはおかしな話だが、家の前に車を停められた人が警察に通報したのかもしれない。警察には警察の立場がある。理屈でぶつかれば警察も態度を硬化して反則金を取られるのがオチだろう。ならばここはひとつ頭を下げて、ひたすら申し訳ないと言っていれば警察も許してくれるかもしれない…、というような考え方は日本人にはよく理解できる。必要以外のことは言わないで、相手の立場を尊重し、相手に合わせてうまくやっていくことが日本では大切なのだ。アメリカ人のように誰彼構わず思ったことをズケズケ言うのは子供のようで、失礼なことなのである。しかしアメリカ人にしてみれば、そうした態度こそ臆病で偽善的であり、いったい何が言いたいのかわからずイライラする。思っていることを率直に表現することが彼らにとってはいいことなのである。

¶　外国語教師としてアメリカ人を雇う日本の大学が増えるにつれて、初めに仕事内容や給与の細目から休暇や勤務時間にいたるまではっきり決めておかないと、あとでトラブルのもとになることがわかってきて、たいていの大学では詳しい条件を付けた契約書を交わしている。ところが日本人を雇うとなると、依然こうした情報を事前にいっさい与えない大学が多い。辞令にも「〜に任用する」などと一行書いてあるだけだ。雇われるほうも給料や労働条件を聞かないのは、逆らわないで相手に合わせるという態度と、任せておけば悪いようにはしないだろうという信頼の表れなのである。それを聞くということは、協調することを知らず、大学も信頼していない、度量の狭い人物だということになる。ちなみに労働基準法では「使用者は、労働契約の締結に際し、労働者に対して賃金、労働時間その他の労働条件を明示しなければならない」（第15条）と明記してあるのに、いっこうに守られないということは、この日本特有のCTRの根強さを物語っている。

¶　相手と話をするとき、これ以上接近すると不愉快だという距離は文化によって違う。日本人とアメリカ人が話しているとき、一般的に日本人が後ろに下がろうとし、アメリカ人が前に出ようとするのは、相手との適当な距離を判断するもとになるCTRの違いをお互いが知らないためである。その結果アメリカ人は日本人を何となく冷たくよそよそしいと感じ、日本人はアメリカ人を押しの強い厚かましい人だと思ったりしてしまう。もっともそのアメリカ人でも、メキシコ人やアラブ人は近づきすぎると言う。

¶　知人のアメリカ人の子供が日本の小学校に入学した。少し日本語がわかるようになって一番疑問に思ったことは、先生がなぜ理由も言わずにああしろこうしろと命令するのかということであった。生徒が理由を聞こうとしないのも不思議だと言う。なるほど、アメリカの小学生なら、すぐに"Why do we have to do this?"（＝どうしてしなくちゃいけないの?）と聞くことだろう。しかし日本では、それは小さな「反抗」になってしまう。

¶　日本ではATMなどで並んでいると、前の人から、時間がかかりますからお先にどうぞと言われることがよくある。アメリカではそんなことは一度もなかった。それどころか、あとに何人並んでいてもまったく気にするそぶりもなく、何度も手続きを繰り返したり、係の人と話し込んでいたりする。「自己中」と言われるのが嫌で常に周りに気配りをする日本人と、「自己中」が当たり前で、待つのが嫌なら待たなければいいだろうと考えるアメリカ人の違いだ。

第6章

文化変形規則
『自然志向』対『人為志向』

　日本文化には、自然の流れに任そうとする**『自然志向』**の文化変形規則（CTR）がある。稲作文化の長い歴史を持つ日本人は、いくら急いでも〈なる〉ようにしかならず、人生は、〈静〉かに〈待つ〉〈エスカレーター〉だと考える。創造性よりも慣習や経験が重視されるのだ。〈自然のまま〉が大切で、天命に逆らわず、自然な〈感情主導〉で生きていくのが人間の知恵で、あるがままのすべてが、等しく神なのである。

　一方アメリカ文化には主体的に流れを変えようとする**『人為志向』**の文化変形規則（CTR）がある。新大陸に渡り、〈自然に手を加える〉開拓によって新しい国家を築いたアメリカ人は、〈論理主導〉で計画的に働きかけさえすれば、自然でも社会でも、必ずより良いものに〈する〉ことができるというアメリカン・ドリームを持っている。人生は〈動〉き回れる〈階段〉である。歴史や伝統よりは、変革と創造のための知性や〈行動する〉力を重視する。変化は常に善であり、古いものは常により良いものに変わり得るのだ。

〈自然のまま〉と〈自然に手を加える〉

　初めてアメリカに留学したときに、レストランで"cooked tomatoes"という英語を見て筆者が想像したのは「トマト料理」だった。例えば焼き肉屋などで出てくる、おいしいトマトを輪切りにして、酸味のきいたドレッシングをかけたような簡単な料理だった。ところが出てきたのは、原形がなくなるまで煮込んだものだった。あとで知ったことだが、"cook"の本当の意味は「料理する」ではない。日本語の「料理」は、ただ「食物をこしらえること。

また、そのこしらえたもの」(『広辞苑』)だが、"cook" は "to prepare food for eating by using heat"(＝熱を使って食べ物をこしらえること)(*Longman Dictionary of Contemporary English*)であり、熱を加えないのは料理ではないと考える。だから英語では日本の活け魚料理などは "cook" したことにならない。肉や魚を生のまま食べるのは、動物の死骸にむしゃぶりつく獣のすることで、人間のすることではない。だから牛刺などほとんど食べないし、馬刺にいたっては、一様にありえないという顔をする。ちょうど日本人が「捕れたばかりのプードルの犬刺です」などと言って生肉を差し出されたときにするであろう表情だ。

　日本の食文化は、2013年の12月にユネスコの無形文化遺産に登録されたが、和食には、豊かな自然の味わいを自然のまま、できるだけ手を加えずに賞味したいという気持ちが込められている。日本人は「生で食べられる」のは新鮮な証拠で、まだ頭や尾ヒレがピクピク動いている活け魚料理は、高級料理として何よりのごちそうだと考える。アメリカ人は魚の目がこちらを恨めしそうににらんでいると悲鳴を上げる。日本人は魚が少し生臭くても、それは自然の匂いとしてあまり気にしないが、アメリカ人は "fishy" だと眉をひそめる。

　最近はアメリカでもお寿司が大人気と報道されるが、それを鵜呑みにしてはいけない。確かに日本で出されるようなお寿司を食べるアメリカ人もたくさんいるが、アメリカの "Sushi" には、"California Roll" などの巻き寿司も含まれ、もっぱらそちらを食べて、生魚(raw fish)は食べないというアメリカ人も多い。やはり生の肉や魚は苦手なのだ。ニンジンやレタスなどの野菜はよく生のまま食べるが、高級な料理ほど熱を加えていろいろと加工したものになる。

　住まいについても違いがある。筆者が最初にアメリカでアパート住まいを始めたとき、トイレの便器にカバーがついていなかったので、冬に備えてデパートに買いに行った。当時はまだ暖房便座などはなく、冬にはカバーが必需品だった。ところが蓋を覆うカバーはたくさんあるのに、U字型の便座に付けるカバーがどこを探しても見あたらない。これは不思議だったが、入手できないまま秋が深まって、その謎が解けた。そのアパートはセントラル・ヒーティングなので、冬になっても家中が暖かく、日本のように便座が冷たくならないのだ。アメリカ人は外の自然の環境に影響されることなく、年中快適な環境を室内に作り出そうとする。南向きにこだわったり、風通しを考

えたりして自然を取り入れようとする日本人とは、住まいに対する考え方もまったく違うのである。

　日本人は自然のままを大切にしようとする。世界の最も深刻な問題を尋ねる国際調査でも、日本人は最も多い 44.4% の人が「環境汚染」を選択し、「貧困」を選択した 42.7% の人を上回ったが、アメリカ人は「貧困」を選択した人が 53.6% と最も多く、「環境汚染」を選択した人は、6.7% しかいなかった。[1]

　注射の痛みでも耐えられないような気がする筆者は、出産時の激痛についての話を聞くたびに、女性に生まれていたら、絶対に無痛分娩を選ぶと思うが、不思議なことに日本の女性は自然のままのお産が一番と考えるようだ。帝京大学の安田篤史氏によれば、アメリカでは、帝王切開率が約 3 割で、無痛分娩が約 6 割なのに対して、日本は帝王切開率が約 2 割で無痛分娩率は 1 割未満だと言う。[2] 2008 年に約 3 千の施設を対象に実施されたアンケート調査でも、日本の無痛分娩率は 2.6% にとどまっている。[3] その理由として、お産は自然の営みで、その痛みは親としての自覚に必要であるとか、お腹を痛めて産んだ子にこそ自然の愛情がわいてくる、というような考えがあるそうだ。そこで、おそらく自然のままの親子の絆を大切にする感覚からだろうが、生まれたときのへその緒をそのまま大切に保存する習慣も古くから続いている。その話をすると、たいていのアメリカ人は怪訝そうに眉をひそめる。こうしたお産の方法や習慣については、おそらく周りの人が自然に生んで、へその緒を取っておくのだから、私も、という『集団志向』や『調和志向』のCTR も働いているのだろう。

　体に生える毛をきれいに整えること (grooming) についても、日本人はアメリカ人と比べて積極的ではなく、徹底していない。この習慣は、一説によれば 1915 年にアメリカで発刊されたファッション誌の広告に「サマー・ドレスとモダン・ダンスには、好ましくない毛の除去が必要」というメッセージが出たあとで安全カミソリが発明されて、脇毛処理が女性を中心に広まっ

---

[1] World Values Survey (2005, 2006) Most serious problem of the world: 1st choice. 〈http://www.wvsevsdb.com/wvs/WVSAnalizeQuestion.jsp〉

[2] 安田篤史 (n.d.)「無痛分娩　Part 1」〈http://www.teikyo-masui.jp/staff/yasuda/mutuubunnbenn1.html〉

[3] CADD NEWS (2011) Pain Management. p. 6. 〈http://www.smiths-medical.com/Userfiles/jp/CADD/CADDNEWS_2011summer_11.pdf〉

たのが始まりとされる。自然に生えてくる体毛を「むだ毛」と考えて、手を加えて除去しようと言い出したのは、やはりアメリカのようだ。この習慣は世界に広がり、今や男性も巻き込んでいる。ちなみに、パナソニックによる調査によれば、脇毛を処理している男性は、ドイツでは約62％、インドでは約85％もいるが、日本ではまだ10％しかいないそうだ。[4]

自然の何もなく静かな状態に「侘(わび)」の趣を、古びて枯れたものに「寂(さび)」の味わいを感じ取るのは、日本人ならではである。日本では建物にしても、塗料を塗らない白木の色合いや香りが好まれるが、アメリカではすぐにペンキなどをたっぷり塗りつける。日本人は苔や落ち葉にも美を感じ、虫の音を愛で、お月様にお供えをして、季語を入れた俳句を詠む。アメリカ人にとっては、苔は汚れで、落ち葉はごみ屑、虫の音は雑音だ。日本の国歌に「苔」が出てくると聞いて信じられないという顔をする。

踊りにしても日本舞踊はほとんど自然の動きだけで構成されており、西洋のダンスのように何回も連続して回転したり飛び上がったり爪先立ちを続けたりはしない。日本人の感覚では、そうした動きは何かしら不自然で品位に欠けることなのである。音楽も自然が一番。尺八は竹藪に風が通るような音が出せたら一流だ。笑いやおかしさについても、日本の場合は、生活の中で自然に出てきたものが多いが、アメリカのジョークなどは、いかにも作り話というものが多くて、日本人にはわざとらしい感じがしてしまう。公用の手紙でも、日本人は自然を取り入れた時候の挨拶で始める。履歴書を書くときでも、自然の流れをそのまま表現しようとする。つまり昔から始めて順に現在に至る。アメリカ人の書く履歴書は普通それとは逆で、現在から始めて逆に過去にさかのぼる。昔のことなど、あまり意味がないからだ。

物が自然にそなえている形が「具象」、人がそこから共通の属性を抜き出したものが「抽象」だが、日本人はどちらかといえば抽象よりも具象を好む。時刻を表すのも古くは数字ではなく十二支の動物を使ったし、今でも和食は「松、竹、梅」などと区別され、フランス料理の出る結婚披露宴でもテーブルは「鶴、亀、福、寿」などと呼ばれる。西洋式のホテルは部屋を番号で区別するが、日本の旅館は「楓、桔梗、銀杏」などを使う。抽象的な数字では、なにか味気なく冷たい感じがする。やはり自然そのものが一番なのである。

---

4 松永早弥香 (2013)「マイナビニュース」2013年3月20日.
〈http://news.mynavi.jp/news/2013/03/20/031/index.html〉

子育てにしても、幼児が自然そのものとすれば、まさにその自然に手を加えて矯正し、親に服従するようにしつけなければならないと考えるのがアメリカ人である。一方、日本人は幼児が我がもの顔に振る舞っていても、それは自然な姿で、我慢をするのは親のほう、まさに「泣く子と地頭には勝てぬ」と考える。

アメリカは時間も人為的に変えてしまう。3月の第2日曜日から11月の第1日曜日まで"Daylight Saving Time"(DST)として時計の時刻を1時間進めてしまう。そうすれば明るいうちに仕事をし、夜の自由時間を増やせるからだ。日本でもアメリカに占領統治されていた時代に、1948年から1951年まで夏時間（サマー・タイム）が実施されていたが、占領終了を機に廃止され、それ以後全国一斉の夏時間は行われていない。反対の理由はいろいろあるが、根底には時の流れという自然に手を加えて変えてしまうことへの違和感があるのではないだろうか。

〈待つ〉と〈行動する〉

知らない者同士が集まるような場合、日本人は誰かが雰囲気を和ませてくれるのを待つ傾向があるので、打ち解けるまで時間がかかる。いくらじたばたしても、春にならなければ雪解けにはならない。逆に春になれば、何もしなくても自然に雪はとける。一方、アメリカ人は初めから楽しい雰囲気を作ろうとして、誰彼となくすぐに話しかけたり、冗談を言ったり、おどけたりし始める人が多い。英語で「(パーティーなどで)座を打ち解けさせる」ことを"break the ice"(＝氷を割る)と言うが、手をこまねいて雪解けを待っているより、文字通り自分の手で早く氷を割ってしまおうとするのだ。だから食事のときでも、黙って食べているのは失礼とされる。面白い話で雰囲気を盛り上げる役割を他人に押しつけているからだ。友達についても、日本人は待っていれば自然に「友達ができる」のに対して、アメリカ人は自分から働きかけて"make friends"(＝友達関係を作る)と表現する。

日本人は自然に変わるのを待っている。先生も生徒がその気になるのをただ待っている。多くは語らず、自然にわからせようとする。ピアノの先生も「違う！」とだけ言って、気長に待っている。大学の先生も学生がやる気を出すまで待っていて、結局学生はそのまま卒業してしまう。アメリカの先生は雄弁に説明し、説得し、励まし、鍛える。

日本の政治家も待っている。国際的な紛争が起きても、どこからか声が上がるまで静観している。不祥事がばれてもほとぼりがさめるのを待ち、自分の出番が来るのを待っているうちに年を取る。「何もしない政府」を手厳しく批判し、大統領選に"Change!"を合い言葉に登場したのは、46歳の若いクリントンだった。いまだに高い評価を受けているケネディーが43歳の若さで大統領に就任したときは「あなたの国があなたのために何ができるかを問わないでほしい。あなたがあなたの国のために何ができるかを問うてほしい」と国民の積極的な行動を呼びかけた。47歳のオバマも、"Change!"と"Yes, we can!"をキャッチフレーズにして大統領選を勝ち抜いた。

　日本では2001年に就任した小泉首相が「聖域なき構造改革」をキャッチフレーズにした異色の総理だったが、その後の首相の言葉やイメージで同じように抜本的な改革への行動力を感じさせたものは記憶にない。安倍首相は「美しい国づくり内閣」、福田首相は「背水の陣内閣」、麻生首相は「安心と活力」、そして政権交代を実現した民主党の鳩山由紀夫首相は「友愛政治」、菅首相は「最小不幸社会」、野田首相は「どじょう内閣」、そして再び政権を取り戻した安倍首相の「日本を取り戻す」と続くが、アメリカの大統領と比べて、山積する課題に立ち向かう最高権力者としてのカリスマ性や実行力に欠けている気がするのは、選ぶ側のCTRが違うせいなのかもしれない。

〈エスカレーター〉と〈階段〉

　年功序列や終身雇用などの仕組みを持つ日本社会はエスカレーターにたとえられる。学校にいるうちに何となく自分が乗るエスカレーターが決まり、一度それに乗ってしまえば、特別なことがない限り、昇進の機会も自然に訪れる。その代わり途中でエスカレーターを止めようとしたり、早く上に駆け上がったりという勝手な振る舞いは許されない。退職まで間違いを起こさないように、じっとしていれば、それだけで評価される。最近はこうした仕組みが見直され始めてはいるが、2006年の調査では、まだ79.2％の企業が永年勤続表彰制度を実施している。[5]

　一方アメリカの社会は階段に似ている。筆者がグランド・キャニオンで乗っ

5　産労総合研究所（2006）「永年勤続表彰制度に関する調査」
〈http://www.e-sanro.net/sri/ilibrary/pressrelease/press_files/srip_061124.pdf〉

た観光バスの運転手は高校の社会科の先生だったが、夏休みに運転手をしてお金を稼ぎ、数年後に1年間の休暇を取って世界旅行をしながら、それからのことをじっくり考えると言っていた。まさに自分が好きなように積極的に動き回れる階段である。能力があれば若くても頂上まで駆け上って大金を手にすることもできるが、能力がなければいつまでも階段の下で貧しい生活に甘んじなければならない。勝つも負けるも、すべて本人の責任である。負けた者は極貧の中で「失敗者」の烙印を押される厳しい社会でもある。

そうした厳しさを避け、時が経てば自然に少しずつよくなるという受け身の生き方を選ぶ若者が日本には多い。2007年に実施した国際調査[6]によると、昇進や昇給を決める方法として、日本では「勤続年数を中心に多少勤務成績が加味される」を選んだ若者が36.1%で、アメリカ（12.4%）よりかなり多く、逆に「勤務成績を中心に多少勤続年数が加味される」とした若者は45.3%でアメリカ（51.4%）より少なく、「勤務成績のみによって決まる」のがいいと考える若者がアメリカでは26.7%いたのに、日本では9.2%しかいなかった。

〈静〉と〈動〉

農耕文化と遊牧文化の違いはお百姓さんとカウボーイの違いでもある。したがって日本文化ではあまりバタバタと動き回ることは見苦しく、下品なことであり、アメリカ文化ではじっとしていることが苦痛なのである。日本の障子や襖は空気をかき乱さないので上品だが、西洋のドアは空気を乱すので下品だ。日本人が訪問先の家に入る前にコートなどを脱いで入るのも、相手の前で空気をかき乱すのは失礼だと感じるからかもしれない。ちなみに、玄関先で失礼するような場合でも日本人は前もってコートを脱いでおくので、アメリカ人は上がり込むつもりだと誤解してしまうことがある。

余暇の時間が増えたといっても、日本人はアメリカ人ほど積極的に動き回ろうとはしない。彼らの姿に憧れはするが、まだまだ静かにしているほうがくつろいで休んだ気がする。日本の芝居で、せりふの「間」が多くのものを伝えるように、日本人にとっては、何もせずに静かにしている「間」が意味

---

6 内閣府（2009）「第8回世界青年意識調査」
〈http://www8.cao.go.jp/youth/kenkyu/worldyouth8/html/mokuji.html〉

を持っている。「無」が「有」であり、「静」が「動」なのである。

"A rolling stone gathers no moss."（＝転石苔を生ぜず）は、日本では、仕事などをよく変える人は何も蓄積できない、という意味にとられるが、アメリカでは、同じところにいつまでも安住しない活動的な人は生き生きしていて魅力的である、という意味にとられることが多い。ことほどさように日本人と違ってアメリカ人はよく引っ越しをし、転校し、転職する。彼らのCTRは、人為的な移動や変化が常により良いものをもたらすことを前提としているのである。

英語で"Doing nothing is doing ill."ということわざがある。ことわざ辞典などでは、これを「小人閑居して不善をなす（徳や器量がない人は、暇でいると、つい、よくないことをする）」としているが、この２つには、かなりの隔たりがある。日本語のほうは、徳のない人は悪いことをする、つまり、徳のある人は暇でも道を外すことはないということで、暇で静かにしていること自体は問題にしていない。しかし英語のほうは、何もしないでいること自体が"ill"（＝罪悪）だと言っている。このことわざはドイツで生まれたものだが、欧米のキリスト教を背景にした人たちは、それぞれの人生には、神から与えられた"mission"（使命、任務）があり、それを遂行しないことは悪だと考える。やはり静観より行動なのだ。

〈感情主導〉と〈論理主導〉

アメリカ人は理屈で動く。エイズについても、アメリカではその脅威が知らされるや、恥ずかしい気持ちや、近寄りたくないという感情を抑制してエイズ撲滅のためのキャンペーンを大々的に何度も繰り返してきた。堂々と名乗り出て注意を呼びかける患者を周りの者が抱擁する場面は何度もテレビに流れたが、それはほとんどの場合アメリカでのことだった。

日本人は議論をしても、多分に感情が入って、あとにしこりを残すことが多い。どうも虫の好かない奴の言うことは、理屈は合っていても最初から気に入らない。まして自分の意見にくどくど反対した奴は、満座の中で自分に恥をかかせたわけで、そのうちいつか仇を討って恨みを晴らしてやる、といった具合だ。今日は無礼講だと言われたサラリーマンが、酔った勢いで上司の悪口を言おうものなら、一生根に持たれて出世はできない。

政治家でも、アメリカの場合は弁護士出身者が多く、雄弁な説得で人を動

かそうとするが、日本の政治家は口下手でも情に訴えて人を動かせる。イデオロギーよりも人間としてのつながりが大切で、理屈っぽいだけの政治家はしょせん小物だ。日常的に"That sounds logical."（＝それは論理的だね）という表現をよく使い、それがほめ言葉になっているアメリカとはずいぶん違う。

　日本人はくどい説明や理屈を嫌がる。小さな子供が生意気に口答えをすれば、「黙りなさい！」とか「ヘ理屈を言うな！」と感情をあらわにして怒鳴るか、口より先に手が出たりするが、アメリカ人は"I'm your mother, and I told you to do so."（＝私はあなたのお母さんで、私がそうしなさいと言ったの）などと一応説明して親の権威を理屈でわからせようとする人が多い。手伝いを頼むときでも、その正当な理由を付け加えようとする。「そんなことわからないの！」で済ませてしまう日本人は、やはり感情主導型である。日本の神道にキリスト教にあるような教義、教典など、いわば論理的な説明を求めようとしないのも日本人ならではである。仏教も日本に渡って曖昧な性格のものになった。頭ではっきりわからなくても、神と仏の両方に心で手を合わせることができる。だから伊勢神宮に詣でた西行はこう和歌を詠んだ。「何事のおはしますかは知らねども、かたじけなさに涙こぼるる」。

　文章についても、昔から日本で名文と言われるものは、感情の赴くまま自然に心に浮かんだことをそのまま書いたようなものが多い。英語では文章全体でも、段落単位でも、導入、主要部、結論という3つの部分で論理的に構成されているのが理想だ。小学生の頃から作文指導で論理の展開をうるさく指導されるアメリカと、長い休みには必ず読書感想文を書かされるが、提出しても何の指導も受けられない日本との違いは、それぞれのCTRの違いそのものである。

　アメリカの合理主義には感心することが多い。例えば中古家具の売買やガレージ・セールの普及である。誰か知らない人が使い古した家具や、着古したコートを買うのは貧乏臭くて嫌だが、やはりずいぶん安上がりで得だ。合理的だとわかれば感情を抑えて行動するのがアメリカ人なのである。

〈なる〉と〈する〉

　「〜だと思われます」などという日本語の自発表現が、アメリカ人になかなか理解できないことからもわかるように、アメリカ人が主体的に「する」と

考える場合に、日本人は状況が自然にそう「なる」と考えることが多い。行動を中心に考えるか、状況を中心に考えるかの違いである。弓道でも、弓を射るようではまだ駆け出しだ。達人になると、葉の上の水のしずくが落ちるがごとく弓がひとりでに飛んでいくと言われる。

　親の反対を押し切って結婚するときでも、「結婚します」と言わないで「結婚することになりました」と言う。役所に婚姻届を提出すれば即座に夫婦になれる日本と違い、アメリカでは結婚の手続きに3日かかる。まず裁判所で結婚申請書に記入すると結婚証明書を渡される。申し込んで3日後に裁判官か神父さんに結婚認定のサインをもらう。この3日間は、本当に結婚してよいかどうかを冷静になってじっくり考える時間になる。その後法廷で愛を誓い、裁判官のサインをもらえたら初めて婚姻成立となる。

　日本は結婚してからの夫婦の関係も風任せだ。恋人同士のときのようなときめきがなくなっても、会話が「フロ」「メシ」「ネル」だけになっても、それは自然の成り行きで仕方がないし、それなりに長年連れ添った夫婦の自然な味が出てくるというものだ。アメリカ人のように、いい年をして「愛しているよ」などとは口が裂けても言えない。一方、アメリカの夫婦は、自然に逆らっていつまでも"keep romance"（＝ロマンスを維持）しようとし、"keep passion"（＝情熱を維持）しようとする。そこで、夫が帰る頃になると奥さんはいそいそと化粧を始める。子供をまだ赤ちゃんのうちからベビー・シッターに預けて夫婦だけでいろいろなところに出かける。「亭主元気で留守がいい」日本の妻とは、やはり意識が根本的に違うのである。

　日本人は主体的ではないので、責任も取らない。ある状況に置かれれば「なる」ように「なる」のが自然だと考える。だから誤解を受けるようなところで男女は一緒にいるべきではない。アメリカでは、ただ一緒にいたからといって、なるようになったとは考えない。なったとすれば2人がそう「した」からなのだ。

文化変形規則（CTR）の衝突例

¶　人情に感動し、意気に感じると論理を越えてしまう日本人は多い。だから日本では、それが自然な感情の発露であれば、男の涙も許されてい

るが、アメリカでは一般的に禁じられていると言っていい。感情を抑制できないのは弱さの表れととられる。アメリカ人は理性的な議論で問題を解決しようとするのが何よりも大切だと考える。

¶　国際結婚などで、アメリカ人が配偶者ビザを取得し、日本で仕事を探すことも珍しくなくなってきたが、そこでよく言われるのが、アメリカでの転職回数の多さが、日本では欠点と見なされてしまうということだ。アメリカでは、職場に不満があれば転職するのが当然だし、他社からの引き抜きもよくあることなので、転職が多いからといってそれだけで不利になることはなく、内容によっては有利な材料になることもある。若者を対象にした前出の国際調査[7]でも、「不満があれば転職する方がよい」と回答した者がアメリカでは54.5%いたのに対して、日本では17.2%しかいなかった。日本の若者は日本の伝統的なCTRを感じ取っているのだろう。

¶　1996年、国際柔道連盟の総会で、テレビ写りがよく、観客によくわかるという理由で国際試合での「カラー柔道着」の着用が決定されたが、本家の全日本柔道連盟はその10年近く前から「白い柔道着は柔道の心」としてカラー化への動きに抵抗してきた。日本人にとって柔道着はやはり白でなくてはならない。理由は、それが長い間続いてきた日本の伝統であるから。そして、日本では車の色も「白」が好まれることからもわかるように、どんな色にも染まっていない、いわば生のままの最も素朴で自然な「白」に、清潔感だけではなく美しさや高潔さ、気品などプラスのイメージを重ねるためであろう。理屈で変えようとする欧米人には理解困難かもしれない日本のCTRである。

¶　国際的な発言であれ、援助であれ、日本が率先して手際良く何かをしたとか、他国に働きかけたということはほとんど聞かない。静かに各国の動きや世論の動向を見たうえで、全体の流れに沿って行動するというのが日本政府の典型的なやり方である。動かざるをえないところまでき

---

[7] 内閣府（2009）「第8回世界青年意識調査」
⟨http://www8.cao.go.jp/youth/kenkyu/worldyouth8/html/mokuji.html⟩

てから、それも対症療法として重い腰を上げるのは、気が進まないからではなく、動いたことに対して責任を取らなくてもいいようにするためである。そうした受け身の待ちの姿勢がアメリカを苛立たせる。アメリカは国際問題で率先して責任を果たそうとし、成功もするが、失敗もする。自分が主体になって世の中を変えていく責任があると考えるか、下手に動いて責任を取らされるよりは、ここはひとつ世の中の流れを静観していようと考えるかの違いである。アメリカ人にとって責任は「果たす」ものであり、日本人にとっては「取らされる」ものなのだ。

第7章

文化変形規則
『悲観志向』 対 『楽観志向』

　日本文化には、ものごとを悲観的に考えようとする**『悲観志向』**の文化変形規則（CTR）がある。すべてが無常で、突然の不幸や別れや苦労は人生につきものなのだと悲観的に、〈否定〉的に考える。そんなことをしていてはダメだと子供を〈けなす〉。初対面の挨拶でも、「今後ともよろしくお願いします」などと、いわば安全志向の挨拶をする。頼んでおかないと、その人がこれから自分に良くしてくれないかもしれない、と悲観的に考えてしまう。〈無事〉が一番なのである。
　一方アメリカ文化には、逆に楽観的に考えようとする**『楽観志向』**の文化変形規則（CTR）がある。アメリカ人は "I'm pleased to meet you." （＝お会いできてうれしいです）などと出会いの〈楽しみ〉を強調した挨拶をする。まだ会ったばかりでどんな人かよくわからないのに、出会ってうれしい、よかった、と決めつけてしまうほど楽観的なのだ。相手に少しでもいいところがあると大げさに〈ほめる〉。いわば人間の善良さを信じる態度や、楽しくない人生など生きるに値しないという意識があると言っていい。楽観的であったからこそ、新大陸に渡ってこられたし、そこで追い求め続けるアメリカン・ドリームが彼らを常に楽観的に、〈肯定〉的にしている。独立宣言にもあるように、彼らにとって幸福は人間の当然の権利なのである。

〈けなす〉と〈ほめる〉

　例えば女子大生が新しいセーターで登校したとする。それに気付いたアメリカ人の先生は必ずと言っていいほど "You look nice in that sweater."（＝そ

のセーターよく似合ってるよ）などと、ごく自然にそのセーターをほめる。ストッキングまでほめてしまって日本人学生に気味悪がられた先生もいるくらいだ。どちらにしてもほめられて悪い気はしない。私もちょっとしたものね、と楽観的になる。相手のいい面を探して、相手を気持ちよくさせたいという姿勢が常にアメリカ人にはある。ところが日本の先生は、つい「着るものや化粧にばかり気を遣っていないで、少しは勉強しなさい」などと言ってしまう。だから学生は素敵な服を着たときも、きっと皮肉のひとつも言われるのだろうと悲観的に考えてしまう。

　日本ではずいぶん小さなうちから悲観的になるようにできている。算数はクラスで1,2を争うほどできるつもりだったのに、統一模試を受けてみたら何千何百何十番目で、母親から「だからテレビばっかり見てちゃダメだって言ったでしょ！」と叱られてしまう。子供は自信を失い、すっかり落ち込んで、自分は何というダメな人間なのだろうと悲観的になってしまう。アメリカでは親も先生も子供のいいところを見つけては積極的にほめて個性を伸ばそうとするので、子供は自分に自信を持っている。だから日本の子供なら恥ずかしくて言えないようなつまらない意見でも、得意げに堂々と発表したりする。

　2011年に高校生を対象に行った国際比較調査[1]でも、その違いがはっきり出ている。自分自身についてどの程度満足しているかという項目で、日本人は「とても満足（3.9%）」と「まあ満足（35.6%）」で合計39.5%しか満足していなかったのに対して、アメリカ人はそれぞれ、51.7%と36.2%で、合計87.9%が満足していると回答している。また、「自分自身がどのようなタイプだと思いますか」の項目で、「勉強がよくできる人」を選んだ日本人はわずか5.2%であったのに、アメリカ人は64.4%だった。

　だから評論家でも、日本では悲観的なことを訴える人が真実をついていると思われるのに対して、アメリカではバラ色の夢を描かせてくれる人が人気を集める。そんな人は日本ではただの「極楽とんぼ」でしかない。日本の戦後の経済復興を誰が予測したであろう、と言う人が多いが、それは日本人が悲観的だったせいもある。

1　日本青少年研究所（2012）「高校生の生活意識と留学に関する調査」
〈http://www1.odn.ne.jp/youth-study/reserch/index.html〉

〈否定〉と〈肯定〉

　自殺は自己否定の究極的な形だが、日本では1998年から20011年まで自殺者が毎年3万人を超えており、アメリカの約2倍となっている。特に15〜34歳の若者の死因の第1位が自殺[2]で、これは「生きていさえすれば何とかなる」という楽天的な気持ちになれないことも一因だろう。自殺につながることもある「うつ状態」について日米比較調査をしたところ、うつ状態の出現率はアメリカが9.6％で、日本はその約3倍の30.4％だったという報告[3]もある。

　日本で何度も放映され(1975–78年、2009年)、映画(1997年)にもなった『フランダースの犬』は、高視聴率を誇ったアニメである。特に30.1％(関東地区)という「世界名作劇場」での最高記録を出した最終回では、もう少しで訪れるはずの幸運を知らずに主人公のネロが愛犬を抱きしめたまま大聖堂で死んでしまうのだが、この場面は心に残る感動的な名場面として、その後もテレビなどで何度も取り上げられている。ところがアメリカでは、結末がかわいそうすぎるという理由で、書籍も映画も、ハッピー・エンドで終わるように変えられてしまった。まさに価値観の違いである。

　同じ事実でも日本人は否定的な側面を強調し、アメリカ人は肯定的な面を見ようとする傾向がある。例えば日米の小学校の教科書で「戦争」という題材がどう扱われているかを比べてみると、日本の教科書ではとかく戦争の深刻で悲惨な側面だけが強調されるのに対して、アメリカの教科書では悲惨な状況の中でもそれに耐えて何とか解決の方法を見出すという肯定的な扱いが多いと言う。[4] 戦争にまつわる衝撃的な事実を教えて、人間はこんなに陰惨な状況を自らの手で作り出すのだという教訓を与えようとする日本の教師と、戦争という困難な状況の中でも勇敢に対決することで道は切り開かれるのだと教えるアメリカの教師。反戦平和教育のためには、悲観的であることと楽観的であることと、どちらが望ましいのだろうか。

　もっと身近な場面でもこうした違いが表れる。仕事をしてくれた場合でも日本なら「ご苦労様」「お疲れ様」などと苦労や疲労を取り上げてねぎらうの

2　朝日新聞(2013年2月19日)
3　ニールセン・カンパニー News Release (2012年5月14日)
4　今井康夫(1990)『アメリカ人と日本人——教科書が語る「強い個人」と「やさしい一員」』創流出版. pp.65–73.

が決まり文句だが、英語では同じ意味合いを持つ"Thank you for your trouble."よりも、"Oh, you did a very good job. This is just what I wanted."（＝いやあ、うまくやってくれたね。まさにこうしてほしかったんだ）などと肯定的にねぎらうのが普通である。疲れて帰った夫にも、日本のように"You must be tired."（＝お疲れでしょ）などと疲労に焦点を合わせず、"How was your day today?"（＝今日はどうでした？）などと聞くのが普通である。

"Justin is the last person to do such a thing."という英語表現は日本人にはわかりにくい。「ジャスティンはそんなことをする最後の人だ」などと回りくどい言い方をせず「ジャスティンはそんなことをするような人ではない」と、否定形を使ったほうが、よほどはっきりする。しかし英語では、否定形をあまり好まず、日本語で否定形を使って表現するような内容を、否定形を避けて表現する傾向がある。だから日本語の「己の欲せざるところを人に施すなかれ」は、英語では"Do as you would be done by."となり、使えないドアには「使用禁止」ではなく、"USE THE OTHER DOOR"と貼ってある。

〈無事〉と〈楽しみ〉

　日本では「無事」がいいこととされる。「事」自体は本来良くも悪くもない言葉なのだが、この場合は危険や不幸や過ちといった悪い意味で使われており、そうした「事」や「変化」がないのが良いこととされる。日本に古くから続く農耕文化では、作物の生育のために、四季の気候変化に特に変わったこともなく、無事に1年が過ぎることが何より大切だった。冬は寒く、春は暖かく、梅雨に入れば雨が降り、蒸し暑くなって盛夏となり、涼しくなって秋の収穫を迎えるまで、どうか何事もなく過ごせますようにという願いと、台風や日照りや大雨などという変わったことがなければいいがという不安が常に共存していた。そこで、久しぶりに会った人には「お変わりございませんか？」と声をかけ、言われたほうは、「ええ、おかげさまで」と笑顔で応える。変化があれば、それは悪いことだと決めつける。ところが英語では、同じような状況で、"What's up?"とか"What's new?"と言ったりする。どちらも「何か新しいことあった？」という感じだが、こちらは変化を当然のこと、興味のあること、楽しいことと見なしている。

　日本では、学校でも職場でも、ミスをおかさないように細心の注意を払う。ミスがなくて当たり前、ミスをおかせば試験には落ちるし、職場では信用を

失う。ミスをおかす恐れがあればやろうとはしない。ところがアメリカでは、ミスをおかすのは神ではない人間なら当然のことと考える。ミスがあって当たり前、訂正すればおとがめなしだ。ミスを気にせず、やりたいことを楽しくやろうというのがアメリカのCTRだ。日本では退職の挨拶状でも、よく「無事終止符を打つことができましたのも…」とか、「大過なく勤めてこられましたのも…」という表現が多い。旅に出る人に対しても「ご無事で」「お気を付けて」という表現がよく聞かれるが、アメリカでは"Have a nice trip!"（＝素敵な旅をね！）のように、"enjoy"（＝楽しむ）しようとする姿勢が基本である。いろいろな「事」に出会って変化を楽しめるのは若さと能力の証明であり、歓迎すべきことなのである。自分から楽しい「事」を求めて出かけようというアメリカ人の楽観的態度と、身に降りかかるかもしれない危険や不幸や過ちをなんとか避けて「無事」でいたい、という日本人の悲観的態度の違いである。価値観の国際比較調査でも、"Adventure and taking risks are important to have an exciting life."（＝わくわくする人生を送るためには、危険に出会うことと危険を冒すことが重要である）という設問に対して、肯定的に回答した人が日本人で27.4％だったのに対して、アメリカ人は55.9％と、ほぼ2倍であった。[5]

"taking risks"のためには、たとえどんな結果になっても、前向きに受け止めようとする態度が必要だが、『葉っぱのフレディ』という絵本でも世界中に知られているアメリカの教育者 Leo Buscaglia が書いた次の文章は、そんな"positive thinking"（＝プラス思考）をうまく表現している。この一節が収録された *Living, Loving & Learning*[6] はアメリカ人の共感を得て、ベストセラーとなった。

> "But risks *must* be taken, because the greatest risk in life is to risk *nothing*. The person who risks nothing, does nothing, has nothing, is nothing, and becomes nothing. He may avoid suffering and sorrow, but he simply cannot learn and feel and change and grow and love and live. Chained by his certitudes, he's a slave. He's forfeited his freedom. Only the person who *risks* is truly free. Try it and see what happens."（＝でも、危険は冒

---

[5] World Values Survey（2005, 2006）Schwartz: It is important to this person adventure and taking risks.〈http://www.wvsevsdb.com/wvs/WVSAnalizeQuestion.jsp〉

[6] Leo F, Buscaglia（1982）*Living, Loving & Learning*. Charles B. Slack, Inc. p. 201.

さなければならないのです。なぜなら、人生で最も大きな危険は、どんな危険も冒さないことなのです。危険を冒さない人は、何もせず、何も持たず、何者でもなく、何者にもなれないのです。そういう人は苦しみや悲しみを避けることはできるかもしれませんが、学び、感じ、変化し、成長し、愛し、生きていくことはできません。安全という鎖につながれた奴隷です。自由を剥奪された人です。危険を冒す人だけが真に自由なのです。やってみなさい、そしてどうなるか見ていればいいのです)

確かにアメリカ人は、こうした楽観的なプラス思考を好む傾向がある。日本と比べてアメリカの離婚率が高い原因にも、夫婦はいつまでも愛し合って幸せでいられるはずだという楽観的な思い込みや、離婚後の生活についても楽観的に見がちだということがあるのかもしれない。日本の夫婦には、こんなものだという諦めがあり、我慢や辛抱にも慣れている。散り果てる桜に美を感じるように、幸せなひとときが終わってから長く続く苦労に耐える自分を美化してしまうようなところもある。日本映画の名作と言われるものにも哀愁の漂う作品が多いし、演歌の悲しい調べが日本人の根強い支持を受けているのも、人生の本質を涙や苦しみとしていることに共感し、慰められるからだろう。アメリカ人が明るくジョークを連発しているのを聞いて、「そんなこと言ってる場合じゃない」と顔をしかめる日本人は多い。悲劇や哀愁がなければ深みがない、本物ではない、と日本人は考える。

とはいえ、日本人が将来に備えて堅実に貯金をするというのは、昔話になろうとしている。OECD (2013)[7] によれば、1995 年には可処分税引後世帯所得における貯蓄率が日本の 12.2% に対してアメリカが 5.2% だったが、2002 年に逆転 (日本 3.1%、アメリカ 3.5%) し、2013 年では、日本の 0.7% に対してアメリカは 2.4% となっている。その理由として、日本での不景気による家計収入の伸び悩みや高齢化の進展などが指摘されているが、それに加えて、生活保護や医療保険など社会保障の充実を背景に、貯蓄に回すよりは、今を楽しんでおきたいという価値観が生まれてきたことも一因ではないだろうか。

ただし、2013 年に日本銀行が発表した家計の資産構成によると、日本では

7　OECD (2013) Economic Outlook Annex Tables: Household saving rates. *Economic outlook, analysis and forecasts*.
⟨http://www.oecd.org/eco/outlook/economicoutlookannextables.htm⟩

現金・預金が 54.1% と過半数を超えるのに対して、アメリカでは 13.0% しかない。逆に株式・出資金と投資信託が合計で日本は 12.6% なのに対してアメリカでは 43.2% になる。[8] 利回りがよいハイ・リスク・ハイ・リターンを好むアメリカに対して、悲観的な日本の CTR は、やはり元金が保証されているロー・リスク・ロー・リターンを選ばせるようである。

文化変形規則（CTR）の衝突例

¶　日本語が少しわかるアメリカ人が日本の病院から帰るとき、医者や看護師に「お気を付けて」とか「お大事に」と言われると、心配になるそうだ。病気が悪くなる可能性をほのめかしているような気がするそうである。この表現は、油断すればひょっとして悪くなるかもしれないので、軽く注意する言葉がいつの間にか決まり文句になってしまったものだが、「ひょっとして悪くなるかもしれない」と悲観的に考えるところが、日本人の CTR である。アメリカ人はそこまで心配しないので、病院から帰る人に決まり文句として、こうした言葉を投げかけることはない。主観的な現在の健康状態を聞いた国際調査[9]によれば、"Very good" と回答したアメリカ人は 29.5% で、日本人（13.6%）の倍以上だったそうである。

¶　1984 年 1 月、録画にビデオテープを使っていた時代のことである。ソニーのベータという方式が VHS 方式を相手にまだ善戦していた頃、新聞に 4 日連続で大きな広告が載ったことがあった。大見出しで書かれた質問に答えるという形だったが、その質問が 1 日目は「ベータマックスはなくなるの？」、2 日目は「ベータマックスを買うと損するの？」、3 日目は「ベータマックスはこれからどうなるの？」などという、ショッキングなものであった。マイナスの情報でショックを与えておいて、あとで安心させるという、アメリカの広告によくある手法を使ったのである。しかしこれを日本で使ったのは間違いだった。大きな字でハッとさせる

8　日本銀行調査統計局（2013）「資金循環の日米欧比較」
〈http://www.boj.or.jp/statistics/sj/sjhiq.pdf〉
9　World Values Survey（2005, 2006）State of health（subjective）.

だけのはずが、悲観的内容だったので、日本人の心に妙に残ってしまい、4日目の「ますます面白くなるベータマックス！」は負け惜しみとしか映らなかった。もちろん、ほかにもソフト戦略の失敗などいろいろな原因があったのだろうが、ハードとしてはVHSに優るとも劣らなかったベータが、それ以来衰退の一途をたどったのである。

第 8 章

文化変形規則
『緊張志向』 対 『弛緩志向』

　日本文化には、体に力を入れて頑張ろうとする『**緊張志向**』の文化変形規則（CTR）があり、大切なときには緊張して〈頑張る〉のがいいこととされる。結果はともかく、〈まじめ〉に〈努力〉することが理想とされる〈根性主義〉なので、力を抜くと〈なまけ〉ていると思われる。だから大事な場面ではますます力が抜けない。
　一方アメリカ文化には逆に力を抜こうとする『**弛緩志向**』の文化変形規則（CTR）がある。努力よりも〈能力〉重視の〈合理主義〉なので、大切なときでも体の力を抜いて〈Take it easy.〉とばかり、気楽にしていられるのが大物の証拠だ。大物は常に〈ゆとり〉を失ってはいけないのである。日本人なら緊張して声も出ないような大切な場面で、〈ジョーク〉のひとつも言える人が尊敬される。

〈まじめ〉と〈ジョーク〉

　日本では大事な場面になれば緊張して全力で頑張るのが当たり前だが、アメリカでは、そんなときにリラックスして冗談のひとつも言える人が大物だとされる。1981 年 3 月 30 日、当時のレーガン大統領が路上で狙撃されたとき、深い傷と 70 歳という高齢のために悲観的な観測が流れたが、心配してテレビにくぎづけになっている国民に次のようなニュースが伝えられた。大統領は悲愴な気持ちで駆けつけたナンシー夫人に「ダッキング（ボクシング用語で、体をかがめること）することを忘れちゃったよ」と冗談を言ったり、手術室の外科医に「君たちはみな（私と同じ）共和党員なんだろうね」と念を押し、医師団も「今日だけは全員共和党員です」と応じたというのだ。左胸

に銃弾を受け重傷を負っていながら、力を抜いて冗談が言えるこの大物ぶりに、事件直後に行われた世論調査では支持率が11％はね上がった。[1]

あってはいけないことだが、もし日本の首相が同じようなことになったらどうだろう。おそらく心配する夫人に「心配をかけたな」と当たり前のことを言い、医師団にもまじめな顔で「よろしくお願いします」と、型通りのことを言うだけではないだろうか。そんな緊迫した場面で大統領のように冗談でも言おうものなら、日本では「軽い精神障害がみられる」とでも報道されかねない。

次のジョージ・ブッシュ大統領が1992年に来日した際の歓迎レセプションで会食中に倒れて退席したとき、挨拶に立ったバーバラ夫人は、傍らにいた駐日大使をにらみつけ、"It's the Ambassador's fault. He and George played the Emperor and the Crown Prince in tennis today, and they were badly beaten. And we Bushes aren't used to that. So he felt much worse than I thought."（＝大使が悪いんです。彼とジョージは今日天皇陛下と皇太子とテニスをしてひどく負けてしまいました。ブッシュ家は負けるのに慣れていないんです。だから主人は私が考える以上に気分が悪くなってしまったんです）とやってのけて皆を笑わせた。大統領選を控えて大変なマイナスになりかねないハプニングの直後、緊迫した場面でのことである。これが日本の首相夫人なら、まず挨拶などしないだろうし、万一マイクに向かっても平身低頭、お騒がせをし、ご心配をおかけしたことを謝るのが精一杯だろう。そんなときに冗談でも言おうものなら、不謹慎としてあとで何を言われるかわからない。

2000年4月29日、クリントン大統領はホワイトハウス詰めの記者や著名人を集めた晩餐会で自身が登場する手の込んだコミカルなビデオを披露し、その内容がCNNの"Larry King Live"などで一斉に報道された。その中で彼は暇だとされる任期最後の様子をコミカルに演じ、ホワイトハウスの電話受付をしたり、大統領専用車のリムジンを洗ったり、出勤する妻の車をサンドイッチを持って追いかけたりしている。もし日本の首相が同じようなビデオを作ったら、山積する問題に手をつけないで、ふざけるにもほどがあると非難が殺到するだろう。

次に就任したブッシュ（ジュニア）大統領は、2006年4月に開かれた同様の晩餐会で、自分のそっくりさんを招き、2人並んで自分が読み間違えた単

---

[1] 読売新聞（1981年4月3日）

語を自ら再現したりして会場を沸かせた。同じように漢字を読み間違えて顰
蹙を買った当時の麻生首相には、おそらくありえないことだった。その後、
2008年にイラクを電撃訪問した際には、記者会見の最中にイラク人記者から
靴を2回投げつけられたが、とっさに身をかわして避け、騒然とする会場に
向かって「皆さん落ち着いて。わかっていることは、投げられたのが、"size
10"（＝28センチ）の靴だということです」とジョークを言い、笑顔でウィン
クをした。

　次のオバマ大統領は2013年の晩餐会で映画監督のスピルバーグ氏のビデ
オメッセージを流したが、監督は『リンカーン』の次の作品として『オバマ』
を企画していると述べ、俳優は引き続きダニエル・デイ＝ルイスを起用する
と発表した。そして流れた予告編風の映像でオバマ大統領自身が俳優に扮し
て登場、満場をわかせた。

　日本では、冗談は不真面目なことであり、勤勉の美徳にも反することとさ
れる。冗談が言えるのは、力を抜いてもいいときであり、その場面は限られ
ている。2010年に柳田稔法相が地元広島での大臣就任祝いの会で、「法相は
いいですよ。（答弁は）二つだけ覚えておけばいい。『個別事案についてはお
答えを差し控えます』。分からなかったら、これを言う。これでだいぶ切り抜
けてきた。あとは『法と証拠に基づいて適切にやっている』」[2]と冗談を言っ
た。ところが後日このことを衆議院法務委員会で指摘され、陳謝したが、強
い反発を受け、結局辞任に追い込まれた。日本では、ジョークでは済まされ
ないのだ。

　1993年1月14日、イラクのミサイル施設などに空爆をしかける際、ペル
シャ湾上の米空母キティー・ホークで、ミサイルに"JUST FINISHING
WHAT YOU STARTED, SADDAM!"（＝サダムよ、おまえが始めたことも、
これで終わりだ）と落書きをしているアメリカ兵の写真をAPが伝えている
が、日本の自衛隊員には考えられないことである。高まる緊張感の中でこん
な具合に肩の力を抜こうとするのがアメリカのCTRだ。

　アメリカ人は緊張を解放する笑いを生活に不可欠なものと考える。常に笑
おうとしていると言ってもいい。上手いジョークは高く評価されるので、講
演はたいていジョークで始まるし、仕事中でも冗談を飛ばし合う。テレビな
どに出てくるコメディアンも、たいていがピン芸人で、ジョークを連発する。

2　朝日新聞（2010年11月17日）

ところがこれが日本人にはあまり面白くない。いかにもとってつけたような話が多いので、笑う気になれない。例えばこんな調子だ。

- このまえホテルのロビーを通りかかったら、友達が人待ち顔で立っていた。何しているのと聞くと、彼はこう言った。「家内を待っているんだ。もう1時間も待っているんだけど、考えられるのは買い物に夢中になって遅れているか、交通事故にでも遭ったかだ。また無駄遣いをしてなければいいんだが…」
- きのう息子の学校のPTAの集まりに行ったら、放送局に送りつける声明文を書いていた。内容はこうだ。「最近テレビに暴力的な場面がたくさん出てくるので、教育上よろしくない。これ以上そういう番組を続けるなら、放送局を爆破する！」

こんな話を次から次と続け、そのたびに観客は大爆笑する。笑いたがっているので、こんな話でも笑ってくれる。日本人なら、こんな作り話では笑う気になれない。いかにも笑わせようとしていると感じると引いてしまう。いつも笑おうとしているわけではないからだ。だからダジャレのような親父ギャグは、笑われるよりは馬鹿にされる。

日本人は、作り話ではなく、本当にあったことなら笑う。だからなるべく本当らしく、場面設定をする。落語家は、登場人物のご隠居や八つぁん、熊さんを、顔の角度を変えたり、口調を変えたりして、本当にそこに3人いるような気にさせる。アメリカにはあまりないコンビやトリオの芸人も、芝居のように役柄を決め、それらしい服装をしてコントを展開する。そのほうが本当らしくて、日本人は自然に笑えるからである。

〈頑張る〉と〈Take it easy〉

日本では鉢巻きでもして「頑張る」ことは無条件にいいことである。いったい私たちは1日何回この「頑張る」を口にすることだろう。気持ちのいい朝は「さあ、今日も1日元気に頑張ろう！」と思い、仕事場で「頑張ってね！」と声をかけ、家に帰れば子供に「頑張ってるか？」とたずね、「頑張れよ！」と念を押す。

日本語の「頑張る」と正反対の意味を表すのが英語の"Take it easy."（＝気

楽にやる）である。日本人が別れ際、特別の意味もなく「頑張ってね！」と声をかけるのと同じように、アメリカ人は別れ際、特別な意味もなく"Take it easy."と声をかける。日本流に"Work hard."（＝頑張って）などと言ったりしないのは、日本人とはまったく逆のCTRの適用を受けるからだ。1988年のソウル・オリンピックの女子陸上短距離で圧倒的な強さを誇示したジョイナーは、ゴール近くになるといつも微笑んでいた。走ることを楽しんでリラックスしていたほうがいい記録が出るというのだが、当時の日本人にとっては信じがたいことだった。

この「頑張る」の語源は、「我に張る」とする説が有力で、多くの辞書には、順序の違いこそあれ、

① 困難にめげず努力してやり抜く
② 自分の考えや意志を押し通そうとする

という2つの意味が載っている。共通する意味は、何らかの抵抗があっても、目標達成に向けて努力するという感じだ。これはまさに戦後の復興と高度経済成長を支えた精神そのものであった。

ところが、1995年の阪神淡路大震災の被災者に全国から寄せられた「頑張れ！」に対して、「精一杯頑張っているのに、これ以上何を頑張ればいいのか」とか、「無責任に勝手な言葉をかけてほしくない」というような反発が起こった。そう言われてみると、確かにそうである。深刻な状況もわかっていない他人から、気楽に「頑張れ！」などと命令されたくはない。そしてその頃から、この「頑張れ！」は、使いにくくなった。

スポーツの世界でも同じような変化があった。1964年に開催された東京オリンピックで男子マラソンに出場して銅メダルを獲得した円谷幸吉氏は、次の大会では金メダルをという周囲の期待と、練習のしすぎによる腰痛の悪化との狭間で苦しんで、メキシコシティ・オリンピック開催年の1968年1月9日に自殺した。「父上様母上様、三日とろろ美味しうございました。干し柿もちも美味しうございました…」で始まり、「…幸吉は父母上様の側で暮らしとうございました」で終わる遺書が公開され、まさに周囲からの「頑張れ！」という重圧をまともに受け止めて追い詰められ、逃げ場をなくした実直で純粋な彼の最後の言葉が国民に衝撃を与えた。しかしその衝撃は、「なぜ？」という戸惑いというよりは彼の苦しみへの深い理解と同情であった。

それから 30 年ほど経って阪神淡路大震災の翌年 1996 年に開かれたアトランタ五輪では、メダルを期待されながら成績不振に終わった千葉すず氏が、試合直後のインタビューで、オリンピックには楽しむつもりで出た、そんなにメダルメダルというなら自分でやれば、という趣旨の発言をして話題になった。これに対して当時の JOC 会長であった古橋廣之進氏は、「千葉すず選手が、『あなたたち、金メダル、金メダルって言うけど、やれるならやってみなさいよ』と発言したと聞きますが、事実だとすれば大変残念です。…スポーツ選手は皆、結果よりも過程を大事にして、謙虚な気持ちでいてほしいと願っています」[3] と述べている。ちなみに彼女は次のシドニー・オリンピックを控えた日本選手権で優勝しながら代表に選ばれず、それを不服としてスポーツ仲裁裁判所に提訴したが、結局出場できなかった。

　円谷選手と千葉選手。どちらも並の人間にはとうてい真似のできないような頑張りを重ねて実力を付けた選手であるはずだ。違いは、円谷選手が外からの「頑張れ！」に圧倒されて、それをそのまま自分の目標にしてしまったのに対して、千葉選手はそれよりも自分が設定した目標に向かって「頑張る」姿勢を貫けたことだろう。誰でも何かを成し遂げようとすれば、それを最優先して、邪念に煩わされず、自らを律して専念しなければならない。そしてその目標が、自分で設定したものであれば、頑張っていることに生き生きした充実感が味わえるはずである。すべて満たされて、それ以上何もしなくてもいい状態よりも、むしろ自分で選んだ目標に向かって全力で挑戦しているほうが幸せではないだろうか。

　ところが心配なのは、このところ日本の若者が頑張らなくなったことである。勉強時間も、どんどん減ってきている。高校生を対象に 2009 年に実施した国際調査[4] によれば、平日で学校の宿題をする時間について「しない」と回答した者がアメリカでは 3.5％ にすぎないが、日本では 22.6％ もいて、「30 分以内」でやっと 18.5％ となる（アメリカは 12.4％）。大学でしっかり勉強して大学院に進もうと考えている高校生も少ない。[5]「修士まで」と考えているアメリカの高校生が 27.1％、「博士まで」と考えているのが 20.0％ で、合

3　日経ビジネス（1996 年 9 月 2 日号）p. 114.
4　日本青少年研究所（2010）「高校生の勉強に関する調査」
〈http://www1.odn.ne.jp/youth-study/reserch/index.html〉
5　日本青少年研究所（2012）「高校生の生活意識と留学に関する調査」
〈http://www1.odn.ne.jp/youth-study/reserch/index.html〉

計47.1％いるのに対して、日本の高校生はそれぞれ7.5％、4.6％で、合計12.1％しかいない。大学生についても、2007年に発表された4万人以上を対象とした調査[6]では、1週間あたりの授業に関連する学修の時間が「0時間」という学生が日本では9.7％（アメリカは0.3％）いた。「1～5時間」が57.1％（アメリカは15.3％）と半分を超え、アメリカは逆に「11時間以上」が58.2％（日本は14.8％）と過半数を占めている。

大人の労働時間についても、1988年にはOECD加盟国で韓国に次いで2位（アメリカは10位）だったが、次第に減り始め、1998年には順位が逆転して9位（アメリカは8位）となり、2008年も両国ともそのままの順位となっている。[7] いつの間にか子供も大人もアメリカ人のほうが日本人よりも勉強し、働いているというのはあまり知られていない事実だ。

スポーツの世界でも、最も日本的な競技の1つである相撲で、同じようなことが言える。いつの間にか最近の日本の若者は、裸で相手と頭から激突し、固い土俵に投げつけられる厳しさに耐えられなくなっているようだ。外国人力士は現在1部屋に1人と決められているため、総力士数に占める割合は7～8％で頭打ちになっているが、番付上位陣では約30％を占めており、2013年秋場所の番付では、横綱が2名ともモンゴル出身で、大関は4名中2名が外国人（モンゴル、ブルガリア）である。1981年、小さな体で横綱になり、後に国民栄誉賞を受けた千代の富士は、横綱昇進伝達式で「横綱の名を汚さないよう、一生懸命頑張ります」と言ったが、その一生懸命頑張ろうという気持ちは、日本人にではなく、2012年、同様の伝達式で「全身全霊で、相撲道に精進します」と言った、モンゴル出身の小柄な横綱日馬富士に受け継がれているようだ。

日本はアメリカと比べて、資源も乏しく、狭い土地に大勢の人間が暮らしている国である。その意味では、たとえアメリカ人がリラックスして楽しんでいても、日本人は、「頑張る」ことを楽しめるようなCTRをこれからも大切にするべきではないだろうか。仕事が何より楽しいことのどこがいけないのか。好きなことを一生懸命している人は「頑張れ！」と言われても抵抗は

6　東京大学大学経営政策研究センター（2007）「全国大学生調査」
〈http://www.mext.go.jp/b_menu/shingi/chukyo/chukyo4/siryo/attach/__icsFiles/afieldfile/2012/07/27/1323908_2.pdf〉

7　国立国会図書館（2010）「国際比較にみる日本の政策課題」p. 48.
〈http://www.ndl.go.jp/jp/data/publication/document/2010/200902.pdf〉

ない。外から押しつけられた目標、心ならずも設定された目標に向かって「頑張れ！」と命令されるからストレスになる。「頑張れ！」と励まし、「頑張ろう！」と声をかけ合える伝統的な日本のCTRは、これからも大切にしたいものである。

〈努力〉と〈能力〉

　小学生からの受験戦争の過酷さや、受験勉強の中身の無意味さには気付いていながら、いつまでたっても受験地獄がなくならないのは、「努力すること」そのものを高く評価する気持ちが根底にあるからだろう。「結果はどうでもいい、努力することが貴いのだ」とは、日本人がよく口にするセリフである。スポーツでも、朝練や特訓でひたすら長時間練習をすることこそが大切だと教えられる。大学でレポートなどを書かせても、日本では返さない先生が多い。努力してこれだけの枚数を書いた、という事実があればそれでいい。アメリカではレポートにコメントと評価を書き添えて返すのが一般的である。せっかくの学生の努力が生かされなければ意味がない、スポーツも勝たなければ、いくら練習しても意味がないと考える。

　就職活動で用意する履歴書も、日本では自筆が原則であり、ワープロで印刷したものでは、手抜きをしたようで失礼になる。念入りな毛筆の年賀状とどこか似ている。一方、アメリカではワープロで作成するのが原則で、手書きのものを出すと、逆にワープロも使えない人間だと思われてしまう。

〈なまけ〉と〈ゆとり〉

　日本ではいつも力を入れて頑張っていなければならない。「張り切る」ことや「気を張る」ことはいいことで、反対に「力を抜く」ことや「気を抜く」ことは「なまけ」で、よくないことである。しかしアメリカでは、働いていないことや何もしていないことが「ゆとり」として当然必要なこととされる。「ゆとり」が持てないようでは自分に自信がない証拠だと考える。しかし日本人は小さな頃から受験競争で追い立てられ、効率ばかり気にして育ったので、遊ぶことは罪悪であるという根強い意識があった。何もしない時間はもったいない。「遊んでいる」ということは時間を無駄遣いしていることであり、後ろめたいことだ。遊んでいる間に、遊んでいない人に先を越されてしまう恐

れもあった。

　しかしその一方で、1990年代にかけて少年犯罪やいじめ、落ちこぼれや登校拒否などの事例が目立つようになり、その原因が受験勉強に追われてゆとりがなくなり、学校教育が育てるべき社会性や、たくましく生きていく力を失っているためだと考えた中央教育審議会（中教審）は、「生きる力」の育成を提言した。これを受けて小中学校は2002年度、高校は2003年度から学習内容や授業時数が大幅に削減され、新しく「総合的な学習の時間」を加えたゆとり教育が実質的に始まった。しかし、2004年にはOECDによる学習到達度の国際調査で読解力や数学の点数が低下したことが問題となり、2005年には文部科学大臣が中教審に学習指導要領の見直しを申請、2006年の調査でさらに点数が下がったことから、ゆとり教育への非難の声は高まり、安倍首相が教育再生として見直しを提言した。その後の調査では点数が上がったりしたが、2008年の学習指導要領全面改正で、再び授業時間を増やし「総合的な学習の時間」を削減することで、ゆとり教育は終わることになる。つかの間の「ゆとり」は、やはり日本のCTRにはなじまなかったのかもしれない。

〈根性主義〉と〈合理主義〉

　日本では「根性」という言葉が好まれる。「困難にもくじけない強い性質」（『広辞苑』）の持ち主が賞賛される。修行時代の苦労はアメリカでも同じだが、日本の場合は、目的にかなった訓練というよりは、困難に挑戦する力強さや執念そのものが重視されるのが特徴である。むしろ自分から困難を作り出してそれに挑戦する場合も多い。「根性」にはどこか、目的を離れて苦しみそのものを賛美する響きがあり、これにぴったり当てはまる英語はない。

　日本の高校野球では甲子園で負けた翌日から、もう次の大会に向けて練習が始まる。1年間で練習しない日はほんの数日というのも珍しくない。本番でもエース投手が毎試合投げることが多い。勝ち進んでいくと他人事ながら肩や肘が心配になる。延長戦になったりすると痛々しいばかりだ。2013年の春季選抜大会準優勝校、済美高校の安楽投手は、9日間で5試合、772球を投げ続けた。この球数について、さすがに議論が起こり、やっと夏の大会から休養日が導入され、3連戦の投球はなくなることになった。

　アメリカの高校野球ではシーズンが春と夏で、秋と冬はバスケットなどほかのスポーツをする者が多い。野球については、例えばバーモント州では1

試合で 76 球以上投げた投手は 3 日間、51 球以上は 2 日間の間隔をあけるという規則がある。[8] たとえ根性で投げ抜いて勝ったとしても、肩を痛めたのではどうしようもないという合理主義だ。

　日本の高校野球から、大学入学を機にアメリカン・フットボールに転向した東海辰弥氏によれば、高校野球では、バットの素振りでも、手に血がにじんで痛くなれば力が入らずフォームが崩れるのに、根性で振らせ続けようとしたという。アメフトでは血液検査から始まり、その結果に応じて食事の内容や健康管理の方針が決まり、コーチ陣も 1 時間の練習のために運動心理学や生理学を勉強しながら 10 時間もかけて準備するそうである。[9] 同じアメリカ生まれのスポーツでありながら、日本に根付いたための根性主義と、アメリカならではの科学的合理主義の違いである。

　この違いはプロ野球にも当てはまる。2013 年の日本シリーズ、巨人と楽天が 3 勝 3 敗で迎えた第 7 戦、楽天が 3–0 とリードした最終回のマウンドに、何と前日 160 球を投げて敗戦投手となったばかりの田中将大選手が登場したときは驚いた。肩や肘には間違いなく炎症が起きていただろうに、15 球を投げきって 0 点に抑え、見事日本一の栄冠を勝ち取った。これからの野球人生を考えれば、無理な負担をかけて体を痛めてしまう危険性は避けるべきだ。しかし、日本人はそんな合理主義よりも、「根性」のドラマを見たい。果たせるかな、翌日の報道は、ありえないことだというメジャー・リーグの専門家の声は片隅に追いやられ、田中選手の根性ある志願と、星野監督の大胆な采配への賞賛で埋めつくされていた。

文化変形規則（CTR）の衝突例

¶　1984 年 7 月 28 日、ロサンゼルス・オリンピック開会式でのことである。日本選手団の行進が整然としていたのと対照的に、他の多くの国の選手たちはくつろいだ雰囲気でしゃべったり笑ったりしながら雑然と行進していた。カナダの選手はスタンドにフリスビーを飛ばし、オランダ

8　朝日新聞（2013 年 5 月 18 日）
9　朝日新聞（1993 年 1 月 22 日）

の選手は観客席にいるブルック・シールズを見つけてキスをしに駆け寄った。その中で日本選手団は足並みをそろえて行進し、正面スタンドでの「頭、右」も整然と行われた。翌日の新聞には、気持ちを素直に表さない日本人は、だから不可解だと思われるのだ、とか、きまじめでコチコチの印象を与えた、などと報道された。外国選手団に囲まれて日本選手団は確かに異質であった。しかし、もしあれが日本人ばかりの国体か何かで、ある県の選手団が列を乱して「だらしなく」行進し、観客にキスをしに駆け寄っていたら、それこそ日本中の非難を浴びていたに違いない。新聞には「精神を失ったスポーツ界」というような社説も登場したことだろう。

　そして8年後のアルベールビル・オリンピック冬季大会。スキー・ノルディック複合団体で20年ぶりに金メダルを獲得した日本選手たちは、スポーツ用品メーカーのスタッフが手渡したシャンパンを表彰台で振りまいた。果たせるかな、後日の日本オリンピック委員会理事会で名誉委員から「金メダルは良かったが、表彰台でシャンパンをまいたのはいかがなものか」という苦言が出た。[10] 表彰式は「厳粛に行われるもの」だというのだ。

　2010年のバンクーバー冬季五輪では、現地の空港に降り立ったときのスノーボード日本代表、国母和宏選手の服装の乱れが問題になった。テレビで放映されたその姿に全国から抗議が殺到して、一時はスキー連盟が出場辞退をJOCに申し入れる事態にまでなった。最終的には開会式への参加自粛で収まったが、国会で取り上げ、関係者や両親まで謝罪をするほどのことだったのだろうか。

　確かにF1レースのモノマネも能がないし、TPOをわきまえず、どこでも自分流で押し通そうとするのも能がない。しかし楽しむべきスポーツの祭典を厳粛の一点張りで押し通そうというのも能がないのではないか。しかし、それが日本の伝統的なCTRなのである。判定に疑問があっても審判への抗議は絶対に許されず、ただ真剣に白球を追い、砂と涙にまみれる高校野球が、さわやかな国家的行事として国民の共感を呼び、大声援を受け続けている国のCTRなのである。

10　朝日新聞（1992年3月6日）

¶　これは学生が言っていたことだが、試験を目前にして出題範囲を先生にたずねると、日本人の先生の場合はたいてい最後に「まあ、頑張りなさい」と付け加え、アメリカ人の先生だと"Take it easy!"（＝気楽にやれよ）と付け加えるそうである。「頑張ればいいのか、気楽にやればいいのか、どっちなんでしょう」と、その学生は笑っていた。

¶　ある結婚披露宴で同席したアメリカ人が、むしろお葬式のときのほうが皆リラックスして気楽におしゃべりしていたと驚いていた。一生に一度の結婚披露宴のような大事な場面で司会やスピーチを頼まれると、笑って力を抜いてしまうと不真面目だと思われそうなので、肩に力を入れたまま緊張してマイクを握る。だから、しゃべるほうも聞くほうも堅苦しく陰気な顔になってしまう。アメリカでは、くつろいで楽しんでいる食事の最中に「テーブル・スピーチ」などしないし、もちろんそんな英語もない。そして彼がさらに驚いたのは、最後の新郎の父親の挨拶である。さっきまで来賓がほめ上げていた新郎の父親が、「まだまだ未熟者です。どうか今後とも厳しく叱っていただきたい」などと言ったという。日本特有の緊張のCTRは、へりくだりのCTRとも密接に結びついているのである。

¶　日本人がアメリカで初めて食事に招待されると、戸惑うことが多い。日本ではそんな場合、お客様にお金をかけたおいしいご馳走を差し上げるために、奥さんは席を暖める暇もなく始終緊張して動き回り、文字通り下にも置かないもてなしをするのが常識だが、アメリカは違うからだ。いつもより一品多い程度の普通の料理を前に、全員がくつろいで楽しい時を過ごすのが一番というCTRである。

II部
文化変形規則（CTR）をめぐって

第9章

CTR システム

	日　本		アメリカ
(1)	（畏れ多くてへりくだる）謙遜	←■→	対等（親しく対等に）
(2)	（みんな一緒にする）集団	←■→	個人（私一人でする）
(3)	（甘え合う）依存	←■→	自立（自立する）
(4)	（型通りにする）形式	←■→	自由（自由にする）
(5)	（相手に合わせる）調和	←■→	主張（自分を主張する）
(6)	（自然の流れに任す）自然	←■→	人為（状況を変える）
(7)	（悲観する）悲観	←■→	楽観（楽観する）
(8)	（力を入れる）緊張	←■→	弛緩（力を抜く）

図4．文化の志向性

　I部で取り上げた日米それぞれの文化変形規則（CTR）は、全体として各々が有機的なつながりを持ったシステムを形成している。ここでは、日米それぞれのCTRシステムについて、その有機的なつながりと形成過程を考えてみよう。

〈日本のCTRシステム〉

　日本人の意識の根底には強大な他者に対する無抵抗の従順さのようなものがあるのではないだろうか。その強大なものは自分に対してそれほど悪意のある存在ではないので、あえて抵抗して自分の身を危険にさらすよりは、波風を立てずに自分のなすべきことをしっかりしておけば間違いはないという価値観が生まれた。その強大なものは自分を取り巻く閉鎖的集団であり、大

自然である。集団に対しては「畏れ多くてへりくだ」っておけば間違いない。何かをするときも1人だけ違ったり目立ったりして恥をかかないように、皆と同じことを「型通りに」しておけばいい。1人孤立して集団の敵意を浴びるより、いつも「皆と一緒に」いて「甘え合い」ながら「相手に合わせ」ていれば無事に済む。強大な自然の力に対しても、むだな抵抗はやめ、「自然の流れに任」せ、「悲観」的に最悪の場合を想定して、自分なりに常に緊張して「力を入れ」て頑張っていれば、そんなに不幸にはならないだろうという考え方である。こうしてみると日本文化の8つのCTRは、どちらかといえば受け身で消極的で慎重な価値観を根底にして、すべてが有機的につながって日本人の思考や行動に影響を与えていると言える。

　私たちの周りの日本的なもの、伝統的なものは、およそすべてこのCTRシステムに当てはまる。例えば相撲をとってみよう。力士は「前頭何枚目」などと、常にタテ一列に並べられた地位を背負って登場する。タテの関係がすべての基準で、下位の力士は上位の力士に絶対服従で畏れ多くてへりくだる。力士は必ず部屋の集団に属し、関取になるまでは相部屋の生活でプライバシーはない。最高位の横綱になっても個人の都合より集団の利益が優先する。日本のプロ野球でも、アメリカの選手は家族が病気になるとシーズン途中で帰ってしまったりするが、相撲の世界では許されない。1993年の夏場所の直前、ハワイに住む父が危篤と聞いた横綱曙は、そのことをひた隠しにして見事優勝を果たしたが、病床で優勝の知らせに大きくうなずいた父親の、3日後の死に目にあうことはできなかった。優勝後も祝賀行事が続いたからである。しかしそのことで相撲協会を非難する日本人はほとんどいない。むしろ個人的な感情を抑えて巴戦までして場所を盛り上げた曙の健気さに胸を打たれる。

　相撲は個人競技なのに、同じ部屋の力士同士は依存しあい、原則として戦わない。土俵上の決まりはもちろん、土俵の外でも型通りにすることが多く、私生活ですらあまり自由な行動は許されない。外出したジーンズ姿を写真週刊誌に載せられた力士はそれだけで注意を受けた。立ち会いでは相手と呼吸を合わせ、勝っても負けても感情はなるべく隠さなければならない。季節のように巡る場所に大きな変化はなく、稽古の手を抜けば必ず落ちると言われて練習に力が入る。

　あるいは茶道もそうだ。家元制度はまさに畏れ多くてへりくだる制度である。流派によって作法に若干の違いはあるが、茶席で客を代表するのは主客で一番上座に座り、亭主とのやり取りを主導する。その内容はすべて型通り

で、時候の挨拶から始まって、玄関から待合までの掛け物、道具、花、香合などについて順に亭主と問答する。振る舞いについても、座り方、立ち方から襖（ふすま）の開け閉め、扇子の置き方、お菓子や薄茶の頂き方、さらには茶器の拝見の仕方まで、すべてその流派が細かく定めた作法通りだが[1]、それでいて自然の流れがなければならない。自分の番になると皆の目が集中するので、恥をかかないように、粗相がないようにと緊張して、楽しむどころではない。さりげなさが大切で、わざとらしさや、ぎごちなさは見苦しい。茶花も、「野にあるように」自然の花の美しさを際だたせる投げ入れだ。[2]

　結婚披露宴もそうだ。新郎新婦はへりくだって、義理でつながる閉鎖的小集団のお客様を楽しませようと招待する。当日になって新郎新婦はお金のお祝いを、客は引き出物を受け取るが、どちらも直接にではないので、気持ちをその場で相手に伝えることはできない。招く客の数や構成は両家がお互いに相手に合わせ、何をするかはホテルに任せ、はやりの披露宴を何百万円もかけて型通りに進める。ケーキ入刀やキャンドル・サービスも、何のためかはっきりわからないが、皆がやることなのでそれに合わせる。型破りの披露宴など、うまくいく保証はないので、無難に済ますことのほうが多い。そしてショーの主役の新郎新婦も、スピーチや余興を頼まれた来賓も、楽しむことより、うまくできるかと心配しながら緊張し、最後は涙で宴は終わる。これと好対照なのがアメリカの結婚披露パーティーで、こちらはまず何よりも新郎新婦を祝って楽しませるために、親しい仲間が家や地域の集会場などに平服で集まって、ダンスを中心に盛り上がり、笑顔が溢れる。

　それではなぜ日本にこうしたCTRシステムが形成されたのだろうか。それを考える前に、まず日米とも、個人の意識の中にいかにしてCTRが形成されるかを考えてみよう。

〈個人におけるCTRの形成〉

　日米の価値観の違いを対比して説明するのに、よく農耕文化と遊牧文化の違いとか草食文化と肉食文化の違い、あるいは座る文化と立つ文化の違い、などという言葉が使われる。日本について言えば、例えば1953年7月には、

1　茶道の作法〈http://verdure.tyanoyu.net/saho.html〉
2　茶の湯の楽しみ〈http://www17.ocn.ne.jp/~verdure/index.htm〉

全就業者に対する農・林業就業者の割合は約 38.7% だったが、60 年後の 2013 年同月の時点では、わずか約 3.2% にすぎない。[3] 今では農耕とは無縁で菜食主義者でもない人のほうが圧倒的に多いので、こうした説明は個人における CTR 形成の直接的な要因としてはあまり説得力がない。また従来から日本文化を語るときに常に引き合いに出される単一民族の同質性ということについても、それで日本文化の特質の多くを説明しようとするのはあまりに安直であるし、単一民族というとらえ方自体が明治以降の同化主義政策の産物であることも指摘しておかなければならない。

　現代人の思考や行動様式を左右する CTR がいかにして形成されたかを説明するのに、直接的なつながりのない要因や、イデオロギーとしてのステレオタイプから説明を始めるのではなく、彼らが成長した過程で実際に何が彼らの CTR を形成したかを検証しようとする視点が大切である。

1. 直接的要因

　直接的な要因としては、日米の CTR とも、家庭、学校、職場、マス・メディア等の影響が挙げられる。まず家庭についていえば、親は子供を育てる過程で、ほとんど無意識に自文化特有の価値観を子供たちに伝えているのである。例えば筆者が家族とともにニューヨークに滞在中、研究資料にと録音した夕食時の会話に表 2 のようなものがあった。

3　総務省統計局 (2013)「『農業、林業』、『非農林業』就業者数」
〈http://www.stat.go.jp/data/roudou/longtime/zuhyou/lt01-05.xls〉

表 2. 家族の会話分析表

秒	父　親	真　実 (2歳)	知　美 (4歳)	母　親
1	さあ、ご飯にしよう			
2				
3				
4	真実、「いただきます」した？			
5				
6		いただきます		
7				
8				知美、何してるの？
9				
10		パパ、かたいのワンワン食べるの？		
11				
12		かたいの (注1)		
13				
14	そうだよ			
15				
16		どうして、どうしてこれ食べるの？		
17				
18				
19				
20	ワンワンはね、歯が強くてね、ガリガリって食べるんだよ			
21				
22				
23				
24				
25		どうして？		
26	どうして？　あのね、人間の歯より強いからなんだよ			
27				
28				
29				(まだ食卓につかない知美に) 知美、一緒に食べなさい
30				
31				
32				
33		知美、食べなさい		
34				
35	「知美ちゃん」って言いなさい			
36				
37				
38			Mommy、これあげる (注2)	
39				

秒	父　親	真　実（2歳）	知　美（4歳）	母　親
40				
41				はい、はい
42				
43				
44				
45			Oh, my! お昼ご飯もチキンだっだよ！（注3）	
46				
47				
48				あ、ホント？
49				
50	「知美」より「知美ちゃん」のほうがいいよ			
51				
52				
53				
54		どうして？		
55				
56	だっておねえちゃんだもん。そうでしょ。真実、ちょっと言ってごらん			
57				
58				
59				
60				
61		おねえちゃん		
62				
63	「知美ちゃん」って言ってごらん			
64				
65				
66		知美ちゃん		
67				
68	そう、そう			
69			「おねえちゃん」って言ってもいいよ	
70				
71				
72				
73	「知美ちゃん」って言うのと"Tomomi"って言うのとどっちがいい？（注4）			
74				
75				
76				
77				
78		おねえちゃん		
79				

秒	父親	真実(2歳)	知美(4歳)	母親
80	「おねえちゃん」			
81	がいいんだねえ。			
82	"Tomomi"って言			
83	うのは？			
84		いや		
85	「知美ちゃん」っ			
86	て言うのは？			
87				
88		いや		
89	どうして？			
90				
91				
92		「おねえちゃん、		
93		行くよ」って言う		
94		から(注5)		
95				
96	(知美に)おねえ			
97	ちゃんはどう言っ			
98	て呼ぶ？			
99		おねえちゃん、知		
100		美		
101				
102	ちがう、ちがう、			
103	おねえちゃんは、			
104	どう言って呼ぶ？			
105				
106		真実	サンディー(注6)	
107				
108	(笑い)			(笑い)

(注1・10秒) <u>パパ、かたいのワンワン食べるの？ かたいの</u>　家族のコミュニケーションはその時々の独立した会話というよりは、時を隔てて連続した会話である場合が多い。特に幼児の場合には、鮮明な印象や記憶の脈絡で言葉を発することがよくある。この数週間前に訪れたグリニッヂ・ヴィレッジのペット・ショップで、真実はおもちゃの骨を見つけ、母親からそれはかたい「骨」で、犬は食べることができると聞いていた。夕食のチキンの骨を見て彼女はそれを思い出したのである。

(注2・38秒) <u>Mommy、これあげる</u>　知美は現地の幼稚園に通っており、いろいろなところで英語が出てくる。

(注3・45秒) <u>Oh, my!お昼ご飯もチキンだったよ！</u>　(注2に同じ)

(注4・73秒) <u>「知美ちゃん」って言うのと"Tomomi"って言うのとどっちがいい？</u>

アメリカ人の友達は当然知美を"Tomomi"と呼んでいたので、英語流の発音で"Tomomi"と呼ぶことを父親は選択肢の中に入れようとしていた。
(注5・92秒)「おねえちゃん、行くよ」って言うから　母親が毎日真実を連れて知美を幼稚園まで送っていた。たいていいつも知美が朝の準備に手間どり、玄関のドアで真実がこう何度も叫んでいた。
(注6・106秒) サンディー　"Annie"というミュージカルに登場する犬の名前で、それを見て2人の娘はとても感動し、それから毎日真似をして遊んでいた。アニー役は知美、真実はいつもサンディーの役をさせられていた。

　日常の何でもない会話をこうして録音して聞き返してみると、私たちがいかに多くの文化的情報を無意識に子供に与えているかに驚く。例えば表2の例では、わずか2分足らずの間に、「いただきます」をただ言うのではなく手を合わせて言うこと、食卓を囲んで一緒に食べること、妹は姉を呼び捨てにしてはいけないこと、名前に「ちゃん」をつけて呼んでもいいこと、英語なら呼び捨てでもいいこと、そして姉は妹を呼び捨てにしてもいいことなどを教え込んでいる。親は小さな子供の遊び相手になっているつもりでも、実は毎日たいへんな密度で自分が持っているCTRをほとんどそのままの形で子供にコピーしている。自分の真似をさせるからこそ一番楽に、無意識にできるのである。
　やがて子供は学校に入るが、学校教育もCTRの形成に大きな影響を与える。日本では小学校から高校まで、まずカリキュラムが全国ほとんど同じで、文部省の定めた全国共通の学習指導要領に基づいて同じような検定教科書を使い、まさに「みんな一緒に」「型通りに」同じ学習を行っている。そのうえ、中・高ではほとんどの学校が制服を着用させ、少なくとも1年間は同じ班やクラスに所属させたり、遠足や運動会、修学旅行などの多彩な行事や毎日の掃除、日直当番などを通しても集団の一員としての意識や協調性を強く植えつけている。
　アメリカでは教育権が州に属しているので、カリキュラムは州や学区、場合によっては学校ごとに異なっている。また選択科目の数はアメリカのほうが圧倒的に多く、服装もほとんど自由で学校や生徒の個性が尊重されており、1年間同じ集団単位で行動するようなことはめったにない。休み時間は5分程度しかないので、ベルが鳴ると先生がまだしゃべっていてもさっさと教室を出て、ロッカーから次のクラスの教材をとって、急いでそれぞれの教室に向かう。ランチも時間帯で分かれていたりするので、日本のように毎日同じ友達と食べることもない。教師も日本ほど同じ仕事を一致協力してすること

はなく、カウンセリングやスピーチ・セラピー等、分業化が進んでいる。小学校の3、4年あたりからは能力別の学級編成が多くなり、能力別指導が重視される。授業中も生徒にさまざまな問題について自分で考えさせ、それを皆の前で堂々と発表させる。能力の違いが前提になっているので、自分の能力を示さなければ能力がないと思われて取り残されてしまう。自信がなくても自信満々に見せなければならないアメリカは、自信があっても謙遜しなければならない日本とはずいぶん違う。

　日本では、学級内の能力別指導でさえあまり行われていない。むしろクラスやグループの中で教え合って「みんな一緒に」進んで行くことが理想とされがちである。アメリカの生徒のように自立のためのアルバイトもしないで、塾への送り迎えや余分な教育費も親に「甘え」たまま、常に勉強しなければという強迫観念につきまとわれている。たとえクラスで成績が一番でも、全国の受験生の中で考えると「悲観的」にならざるをえないからだ。志望校の入試にうまく「合わせ」て要領よく勉強し、受験戦争に勝った者が人生の勝利者になるのである。ヘラヘラ笑っている暇はない。そして厳しい受験体制の中で何よりも重視される偏差値が学校や生徒をタテに序列化する。そのうえ、教師や先輩の権威主義が「へりくだり」の姿勢を育て、上下の意識を強化する。その結果、自分より上の者に対して「畏れ多くてへりくだる」ことに慣れてくる。そして最後の受験に失敗すれば、まるで「自然の流れに任す」ように、諦めてもう1年間耐えて待つほかはない。浪人を作らないアメリカの教育制度とは理念がまるで違う。このように、それぞれの教育の構造そのものが、それぞれの文化特有のCTRを見事に反映しており、いやおうなしに生徒の意識にそれを植えつける働きをしていると言っていいだろう。

　学校を卒業して就職した職場でも、それぞれのCTRが待ちかまえている。日本では会議の前の根回しもあり、会議のときにも敬語を使うので、アメリカのように対等な意識での活発な議論は起こりにくい。日本では、個人というよりはグループとしての貢献や成果が評価されがちだが、アメリカでは個人単位での貢献が求められ、評価される。それを反映するように、日本では同じ空間に机が並んでいるだけという職場が多く、集団の一体感が生まれるが、アメリカでは個人のスペースがパーティションで区切られている職場が多い。勤務時間も日本では9時–5時のように固定されている場合が多いが、アメリカでは、フレキシブルに決めることが多く、在宅勤務も日本より普及している。日本には企業の出資による退職金制度があるので、同じ会社に長く勤め

ると有利になるが、アメリカでは一般的にそのような制度はなく、401k など の定年資金制度が普及している。これは原則として加入者個人が掛け金を負担し、場合によって企業も一部補助をする制度で、老後の資金を確保するための自助努力を促進するためのものである。要するに、アメリカでは同じ職場に長くいてもメリットはなく、定年後の生活資金は自己責任で準備しなければならない。

　そして私たちは同時にマス・メディアからも強い影響を受けている。戦後急速に発達したマス・メディアだが、2012 年の調査[4] では、日本人がテレビを観る時間は 1 日あたり平日で 4 時間 02 分、日曜で 4 時間 39 分にもなっている。映像メディアが 1980 年代に独自の取材をするようになって文字メディアを追い抜いてから、価値観や考え方、生き方についてテレビが与える影響には計り知れないものがある。特に日本人は、テレビを信用している人の率が 69.6％ と、アメリカ人 (25.4％) と比べて高い。[5] また、最近若者の生活が極度にメディア化したことからもわかるように、彼らにとっては本当の現実と、メディアを通した仮想現実との境目がなくなりつつあると言ってもよい。ハイビジョンなどの登場で、ある意味では現実よりも生々しく感覚を刺激する仮想現実の中に彼らはいつでも好きなときに身を置くことができる。近い将来私たちはデジタル・メディアによる情報の加工で、他者との関係から切り離された仮想現実の支配者になることもでき、仮想現実にある CTR を、逆にそのまま現実に持ち込もうとさえすることだろう。まさにマス・メディアを抱え込んだデジタル・メディアが、既存の CTR とかかわりのない新しい CTR を視聴者に植えつけてしまう力さえ持とうとしており、それはアメリカでも同じだ。

2. 間接的要因

　CTR の形成に直接的な影響を与えるものとして家庭、学校、職場、マス・メディアを考えてきたが、それらを通して間接的に影響を与えているものは、古くからの伝統であり、またその時々のその国の状況そのものであると言えよう。

　まず、伝統について言えば、親が子に基本的な価値観を教える期間をほぼ

　4　総務省 (2013)「ラジオ及びテレビジョン平均視聴時間量の推移」
〈http://www.soumu.go.jp/johotsusintokei/field/data/gt030501.xls〉
　5　World Values Survey (2005, 2006) Confidence: Television.

最初の15年間とし、人の一生を15年単位で区切ってみると、次のような5つの期間が考えられる。

　0～15歳　成長・学習期（基本的なCTRを与えられる）
16～30歳　自立期（自分の立場でCTRに変更を加える）
31～45歳　養育期（子供への教育を通して基本的なCTRを与えながら、子供世代のCTRに変更を迫られる）
46～60歳　指導期（職場で責任のある立場になり、自分のCTRとは違う若い世代のCTRも常に考慮に入れながら指導する）
61歳～　晩年期（自分本来のCTRを取り戻し、わがままにそれで押し通そうとするが、影響力は弱くなる）

　家庭に関しては、次の世代に最も影響を与えるのは常に31～45歳の世代であり、彼らが「しつけ」などとして30年前に身につけたCTRを無意識に繰り返し教えていることが、CTRの継続性の一因になっている一方、16～30歳の自立期に主体的に新しい価値観を確立した親は、新しいCTRを次の世代に与え、それが基本的なCTRを少しずつ変化させる原因の1つになっている。その意味では、特に親になる前の自立期にCTRを客観的に捉えて考え直す機会を持つことが大切である。
　学校には、生徒や学生と少なくとも10歳ほどは離れたさまざまな世代の教師がいるが、基本的な教育方針を決定するのは46～60歳の指導期にある教師が中心なので、ここでもCTRの不変性がある程度は保たれており、いわば伝統が守られる一因となっている。学校の友達の影響はCTRをむしろ画一化する機能を持っていると言えよう。
　職場にも学校と同じように、あらゆる世代がいるが、やはり46～60歳の指導期にある人たちが決定権を握っていて、彼らのCTRが最も力を持っていることも文化の伝統が守られる一因となっている。
　次にその時々の状況としては、気候風土や社会風俗、政治、経済から科学や芸術まで、ありとあらゆるものがCTRに影響を与えるが、それらの情報の多くをフィルターにかけたうえで、あたかも状況そのものとして全国に送り出すマス・メディアが、国民全体の意識や行動様式の形成と均質化に極めて大きな役割を果たしている。そしてその影響については、送り出す情報の選択が、動機において親や教師とはかなり違うことを考慮に入れなければな

らない。つまり、家庭や学校では次の世代を教育することを第一義的に考えているが、マス・メディアについては情報の内容はまさに玉石混交、むしろ低俗な好奇心を刺激してでも視聴率や販売部数を伸ばすことが主要な動機になっている場合が多い。その結果、とかく普通のCTRには適合しない、新奇で刺激的なものを取り上げる傾向があり、より良いCTRの創造というよりも、CTRの混乱を引き起こしている側面もあることを忘れてはならない。例えば、ただ意外性の笑いをとるだけの芸人やコメディアンの言葉や振る舞いを、視聴者が現実の状況そのものとして受け止めてしまうことで、彼らのCTRが少しずつ変化してしまう可能性は十分にある。

〈日本のCTRシステムの形成過程〉

　それでは現在の日本人に共通した特徴的なCTRはどのようにして形成されたのであろうか。

　戦前世代の直接の影響は、1980年代から徐々に少なくなり、2010年には消滅したと言っていい。つまり、1980年代からの変化は単なる世代交代ではなく、とりわけ戦前特有のCTRが力を失って行く変化でもあった。そうした戦後の急速なライフスタイルの変化や飛躍的な経済成長に連動した価値観の変化に加えて、20世紀末から21世紀にかけて人・物・お金・情報の国際的な流動化が世界規模で加速し、一気にグローバル化が進展した。しかし変化したCTRがある一方で、時代を貫いて脈々と続いていて、若者が年寄りと話をしていてもあまり隔たりを感じないようなCTRもある。

　つまり、この100年の間をとってみても、訂正を加える必要がなかったCTRが、ほぼそのままコピーされて受け継がれ、その他のものは時代の変化に応じて強くなったり、弱くなったり、あるいは消滅したりする一方で、新しいCTRも生まれてきたと言える。

　本書で取り上げた基本的なCTRの多くは、日本という風土に暮らす日本人の特性として脈々と続いてきているものである。とりわけ古く弥生時代から始まったとされる稲作が多大な労働量と勤勉な共同作業を必要とし、しかも自然に左右されたことから、最悪の事態に備えて皆で助け合って頑張ろうというCTRを生みだし、それがそのまま近代の大量生産型の工業社会の構造にも最適なものであったために、閉鎖的な集団に特有なCTRとして長く続いてきたという事情もある。さらに学校でもクラスの生徒数が多いので集団管理

の必要性が高いことが、こうしたCTRを定着させてきた一因となっている。

　また日本は雑種文化と呼ばれるほど外国の文明を取り入れはしたが、他の国と海で適度に隔てられていたために、移民や侵略はほとんどなく、奴隷になったことも奴隷を持ったこともなければ、強大な他者との本格的な闘争を経験したこともなかった。そのために他者と自分を区別して自らの優越性を主張するイデオロギーを育てることもなく、長い間、閉鎖的小集団の枠の中だけで、理屈にこだわらずに家族的な人間関係を大切にして生活することが可能であった。その結果、西欧と比べて実際には極めて公平な社会を実現し、「お上」の権力を信頼して集団の一員として働きながら平和な生活を続けることができたのである。そうした背景から、集団の考えやしきたりとの調和を重視するCTRや、まずは謙遜しようとするCTRが生まれてきた。相手もへりくだることが期待できるからこそ、先にへりくだることができる。返信用はがきでかってに「御出席」「御欠席」「御芳名」「御住所」と持ち上げ、自分の名前に「行」を付けてへりくだっておきながら、「御」や「芳」が消されてなかったり、「行」のままで戻ってきたりすると、無礼な奴だと腹を立てる感覚だ。

　つまり西欧のように「平等」が理想になるような厳しい社会的背景がなかったために、逆に「謙遜」の美徳のほうが理想としての建て前になったが、それは表面だけで、本音は閉鎖的小集団の中で公平さを求める意識が極めて強い社会なのである。オバマ大統領になってやっと保険制度改革が始まったアメリカと違って、長い歴史のある日本の国民皆保険制度は、そうした公平の意識から生まれたものと言ってもいいだろう。序列も年功によるものなら、嫉妬や摩擦も少なく納得して服従することができるし、会社の経営者と社員との関係にしても、日本では家族的な意識が強く、給料の差もアメリカほどの格段の差ではない。2011年9月に、1％の金持ちが富を独占している状況に抗議する運動が"Occupy Wall Street"（＝ウォール街を占拠せよ）を合い言葉にニューヨークで始まったが、実際アメリカでは、2013年の時点で、トップ1％の富裕層が、富の35.4％を所有し、次の4％が27.7％を稼いでいる。つまり、上位5％の人たちがアメリカの富の63.1％を独占し、下層60％のアメリカ人は、富のわずか1.7％しか与えられていないという状況である。[6]

　6　AFL-CIO（2013）Executive Paywatch.
〈http://www.aflcio.org/Corporate-Watch/CEO-Pay-and-You〉

学校での教育にしても、日本では個人差を無視して悪平等と呼ばれるほど同じものを与えようとする。評価も公平にこだわるので、レポートや論文のように主観が混じるものより、断片的な知識を客観的に尋ねる物知りクイズ的テストが主流になる。教育の中身より、公平な形式にこだわる。本音ではむしろアメリカよりも公平さにこだわる社会なのである。

集団外の異質なものに対しては、優劣で位置づけようとする。例えば日本人同士は対等だが、外国人は優れているか劣っているかだ。戦前の一時期から強大な欧米に挑戦して失敗して以来、戦後は欧米に一目も二目も置き、従順に依存しているが、それ以外の国はほとんど問題にしなかった。戦後70年たった今も、欧米からの「外圧」に対しては、努めてへりくだって相手の言い分や立場を理解しようとする。欧米から見れば弱腰で劣等感を持った成り上がりの経済大国に映るかも知れない。しかし実際は日本のCTRを欧米に当てはめて、こちらがお辞儀をすることで相手も頭を下げてくれることを期待しているのである。

ついでながら、もしその期待が何度も裏切られ、相手が対立の姿勢をとって一方的な自己主張を続ければ、相手に馬鹿にされたような感じがして、ついに堪忍袋の緒が切れて怒りが爆発するということにもなりかねない。明治以来、欧米を「先進モデル」として仰ぎ見てきた日本が、突如「鬼畜米英」として見下すようになったのは、ついこの間のことである。アメリカのCTRを理解しようとせず、日本のCTRを十分説明して理解させようともせず、ただいつまでも有能な弱者を演じ続けていることの危険性は、今もそのまま残っている。

本書の初版が出た1994年から今までの20年間に、CTRシステムも微妙に変化してきた。例えば日本のCTRシステムの典型的な例として前に取り上げた大相撲についても、変容を迫られる事件が起こった。

2010年2月1日、日本相撲協会の理事選挙で、安治川親方が貴乃花親方に投票したために、自身が所属する立浪一門の候補者は落選した。貴乃花親方に角界を変えてほしいと考えたうえでの退職覚悟の投票だった。ところが彼は立浪一門から年寄株を借りて親方になっているので、立浪一門は、恩を仇で返されたと怒った。その後この件がマス・メディアに取り上げられ、監督官庁の文部科学省からも問い合わせがあったことから、立浪一門の理事などが慰留し、彼は退職表明を一夜にして撤回した。この一連の騒動で、まさに古くからの伝統的な日本のCTRに則した慣例が、自由意思による民主的な

投票行為という考え方とは相容れないものであり、今までの投票は形だけのものであったことが露呈した。

その後、角界は賭博や暴力団へのチケット供与の問題でNHKの中継が見送りになったり、八百長疑惑で2011年の春場所が中止になったりと混迷を極めた。次の夏場所は開催されたが、大相撲が日本の残すべき文化財であるとするなら、何を良き伝統として残し、何を悪しき伝統として変えていくかを慎重に見極めなければならない。そしてその作業は大相撲に限らず、私たちが影響を受けている日本のCTRシステムそのものについても、常に求められているのである。

それを考えるための一つの資料として、2010年度後期から2012年度前期までに筆者の「比較文化・日米」及び「地域文化・北米」を受講した学生計445名を対象に、15回の授業終了後、記名によるアンケートを実施した。内容は、下の8つの対照的なCTRについて、現在の日本人の一般的な価値観と理想とする価値観がそれぞれどこに位置すると思うかを、「1 左寄り」から「5 右寄り」までのリッカート尺度で回答させ、その判断の理由を具体例を挙げて説明させた。[7]

1) 謙遜　1--------2---------3---------4---------5　対等
2) 集団　1--------2---------3---------4---------5　個人
3) 依存　1--------2---------3---------4---------5　自立
4) 形式　1--------2---------3---------4---------5　自由
5) 調和　1--------2---------3---------4---------5　主張
6) 自然　1--------2---------3---------4---------5　人為
7) 悲観　1--------2---------3---------4---------5　楽観
8) 緊張　1--------2---------3---------4---------5　弛緩

1---------------- 2 ---------------- 3 ---------------- 4 ---------------- 5
左寄り　　やや左寄り　どちらとも言えない　やや右寄り　　　　右寄り

その結果は、次のようなものであった。

---

[7] 松本青也（2013）「続・大学授業科目としての北米文化論」『言語文化』vol. 21. pp. 8–17.

1) 謙遜志向　対　対等志向　（平均値：現在は 1.5、理想は 3.3）
2) 集団志向　対　個人志向　（平均値：現在は 1.5、理想は 3.5）
3) 依存志向　対　自立志向　（平均値：現在は 1.6、理想は 4.0）
4) 型式志向　対　自由志向　（平均値：現在は 1.5、理想は 3.2）
5) 調和志向　対　主張志向　（平均値：現在は 1.5、理想は 3.4）
6) 自然志向　対　人為志向　（平均値：現在は 1.9、理想は 2.9）
7) 悲観志向　対　楽観志向　（平均値：現在は 1.7、理想は 4.0）
8) 緊張志向　対　弛緩志向　（平均値：現在は 1.6、理想は 3.3）

　8項目にわたる評価の総合平均値が、現実については 1.6、理想については 3.5であったということは、日本人の価値観が、やはり左寄りのものであると認識していることと、だからといって、今後右寄りに大きく変わる必要はなく、中庸のやや右寄りでいいと判断していることがわかる。日本文化の長所を残しながら、多くの点で対照的なアメリカの文化から、日本文化になかった良いものを取り入れることで、双方の長所をバランスよく生かそうとする姿勢は妥当なものであると言える。

〈アメリカの CTR システム〉

　アメリカ人の意識の根底には、強大なものに向かい合ったとき「私一人で」「自立」してそれに挑戦しようとする気持ちがある。強大なものは権力であり、目の前に広がる広大なフロンティアである。強大な国家権力は悪としてとらえるので、50の各州に大幅な自治権が与えられており、法律、教育制度から祝日にいたるまで各州の独自性が最大限に保証されている。こうした感覚は日本人にはなかなか理解しがたい。大統領選が始まると、候補者の支持率が世論調査などで知らされるが、実際の得票数はかなり違うので日本人は不思議に思う。これは日本とはまったくシステムが違うからで、日本なら各都道府県の得票数の合計がそのまま全国の得票数になるが、アメリカでは、まず州単位で支持者を決定する。そしてたとえそれが一票差でも、その候補者が州に割り当てられた選挙人の票を全部与えられる。そこで国民レベルでの得票数の合計では勝っていても、選挙人レベルでの得票数では負けてしまうことは十分あり得る。これは何とも日本人には不可解である。アメリカの州は、日本の都道府県とはまったく性格が違う。むしろ小さな国が50集まっ

たと考えたほうがよい。

　50の州がそれぞれ独自性を主張するように、個人も「自分を主張」し、強大なものに挑戦して「状況を変え」ようとする。何者にも服従せず、その結果同じ独立した人間同士として「親しく対等に」振る舞う。裁判でもすべてを権威にゆだねようとせず、陪審員として無作為に選んだ一般市民だけで起訴・不起訴、あるいは有罪・無罪を決定する。ちなみに、日本でも裁判員制度が2009年に始まったが、評決が成立するためには裁判官が1名は賛成していなければならない。素人だけでは心許ないというのが日本人の感覚だ。

　独立宣言には、「自由」と自分の幸福を追求する不可侵の権利が神から与えられていると明記されており、自由であるがゆえの快活さや陽気さが、競争社会の厳しさの中でも人の「力を抜」かせ「楽観」させる。こうしてみるとアメリカ文化の8つのCTRのいずれにも、他人に依存せず自分の信念に従って強大なものに挑戦しようとする積極的な価値観があり、それを基盤に8つのCTRが互いに有機的につながって、アメリカ人の思考や行動に影響を与えていると言える。

〈アメリカのCTRシステムの形成過程〉

　それではなぜアメリカにこうしたCTRシステムが形成されたのであろうか。アメリカはそもそもヨーロッパの強大な権力の圧制に反旗を翻して独立した国である。ヨーロッパ社会の封建的、階級的な人間関係を嫌い、個人の自由と平等な権利を求める人たちが夢を求めて作った社会である。したがって理念として「自由」「平等」であろうとする意識が強い。アメリカ独立宣言の起草者トマス・ジェファソンの言葉に、"The tree of liberty must be refreshed from time to time with the blood of patriots and tyrants. It is its natural manure."（＝自由という木は、ときおり愛国者や独裁者の血で元気づけてやらなければならない。それこそが自由にふさわしい肥料なのだ）というたとえがあるが、ヨーロッパの拘束的な価値体系の規制から自由になろうとするこの壮絶な覚悟は、日本人にはなかなか理解できないものである。独立宣言は前文のあと、"All men are created equal."（＝すべての人は平等につくられている）と続くが、多民族が同じ条件でスタートした当時のアメリカの状況は、まさに機会の平等という理念にとって願ってもないものであった。

　初期の開拓者の前には広大な未開の地が広がっていた。彼らはフロンティ

アで誰にも干渉されることなく、誰にも頼ることなく、新天地アメリカに夢を追い求めながら大自然に働きかけていった。そこでは何よりもまず生きることが、生活することが大切であった。人間の価値を第一と考え、人間を最高とするヒューマニズムの立場から合理精神を尊重し、次々に自然を征服して文明に変えていった。「自由に」「私一人で」主体的に「状況を変え」ようとするCTRはその頃からのものである。そして、伝統や価値体系に縛られないそうした身軽さや単純さが、新しいもの、より良いものを受け入れる柔軟さや明るさにつながり、気楽に「力を抜」き、将来に夢を託して「楽観」しようとするCTRを生み出した。実際、広い大地と豊富な資源に恵まれたアメリカには、個人の能力と努力があれば成功する機会はいくらでもあったし、理想の社会の実現に向けてのアメリカン・ドリームも楽観的で陽気なCTRを支えていた。それはまた同時に、厳しくもある大自然と戦い、絶え間ない競争の中で生きていくストレスと緊張を意識的に和らげる処世術としても必要なものであったと言えよう。

　アメリカはまた、さまざまな人々を受け入れてきた移民社会でもある。人種や民族も、言語や文化も違う多様な人々が共存する社会である。そこでは当然原理原則や明文化された法律が個人の拠り所になる。強大な権威に対抗して「自立」し、個人の権利を守るために「自分を主張」し、必要とあれば力に訴えても信念を貫こうとする強い個人を理想とするCTRは、そうした状況で形成された。そしてその一方で、お互いに異質な存在であるからこそ、出身階層や思想信条を度外視して、周りの人たちと「親しく対等に」振る舞おうとするCTRも生まれたのである。

第10章

宗　教

　日本で暮らしているとあまり実感できないが、生活の中で宗教が大きな意味を持っているという人は世界中にたくさんいる。エジプト出身の力士、大砂嵐が、新十両に昇進した2013年の名古屋場所で、イスラム教のラマダン（断食）と重なり、日の出から日没まで水も飲めない状態で取り組みに挑んだと聞いて日本人は驚く。あるいは、ある宗教の信者である日本人中学生が、修学旅行で神社の鳥居をくぐることを拒否して不思議がられたりもする。宗教は多くの人にとって、日本人の想像以上に大きな影響力を持っているのである。

〈アメリカの宗教〉

　アメリカ人の価値観に、キリスト教が大きな影響を与えていることは言うまでもない。2012年にGallupがアメリカ合衆国に住む18歳以上の約33万人を対象に行ったインタビュー調査[1]によると、77%がキリスト教信者で、そのうち52%がプロテスタントあるいは非カトリックで、カトリックが23%、2%がその他の教派である。また、無宗教が18%、キリスト教以外の宗教の信者は5%であった。他の機関による調査結果でも、共通してアメリカ人の8割前後がキリスト教信者であるとしている。
　これは日本人からすれば驚異的な数字だが、小さな頃から、家庭でキリスト教的なものに囲まれ、教会でキリスト教の教えに触れたりしながら育つと、それが当たり前のこととして身についてしまうものである。キリスト教信者でない日本人でさえ、西暦何年という数え方や、教会での結婚式やクリスマ

スなどを、キリスト教について深く考えることもなく、当然そういうものだとして受け入れてしまっている。ましてアメリカでは、すべての硬貨や紙幣の裏に"In God We Trust"（＝神を我らは信じる）と書かれている。周りの建物も、絵画も、文学も、ありとあらゆるものが、つまりアメリカ文化そのものが、キリスト教の影響を強く受けているので、改めて考えるまでもなく、無意識のうちにキリスト教の神のイメージが心に宿っているのである。

　現在世界人口の約3分の1がキリスト教徒で、この割合は100年前とほぼ同じだが、ヨーロッパでは、この100年で約20%減少して76.2%となり、南北アメリカでも約10%減少して86.0%になったとされている。[2] 宗教を信じている人の割合は、欧米でいくぶん減少傾向にあるとはいえ、アメリカでは、プロテスタントの中でも、聖書に書かれたことを一字一句信じなければいけないと主張する原理主義の福音派が勢力を拡大しており、大統領選挙にも大きな影響力を持つようになっている。

　若い人たちでも、日本と比べると歴然とした差がある。前出の青年を対象とした国際調査[3] によると「宗教は、日々の暮らしのなかで、心の支えや態度・行動のよりどころになると思いますか」という問いに対して、「そう思う」と回答した者は、日本の13.4%に対して、アメリカは49.4%であり、「どちらかといえばそう思う」を加えると、日本は合計40.8%だが、アメリカは約2倍の80.6%であった。また別の国際調査では、生活するうえで宗教が大事だと思っている人の割合は、日本では19.6%だったのに対してアメリカでは71.6%で、逆にまったく重要ではないと回答した人の割合は、日本では44.8%と半数近くだったのに対して、アメリカでは8.7%しかなかった。[4]

1　Gallup (2012) In U.S., 77% Identify as Christian.
〈http://www.gallup.com/poll/159548/identify-christian.aspx〉
　2　Pew Research (2011) Global Christianity – A Report on the Size and Distribution of the World's Christian Population.
〈http://www.pewforum.org/2011/12/19/global-christianity-exec/〉
　3　内閣府 (2007)「第8回世界青年意識調査」
〈http://www8.cao.go.jp/youth/kenkyu/worldyouth8/html/mokuji.html〉
　4　World Values Survey (2005, 2006) Important in life: Religion.

〈日本の宗教〉

　アメリカの宗教人口の調査結果が、ほぼ一定しているのと違って、日本人の宗教人口については、調査によってさまざまに異なる。2012年度に政府が実施した調査[5]では、神道系が約1億人、仏教系が約8千5百万人、キリスト教系が約2百万、その他が約9百50万人となっている。合計すると2億人弱になってしまうが、これはひとりの人が、複数の宗教を信じているという日本の特殊事情をよく表している。確かに、神社に聞けば、ほとんどの日本人が初詣に来た信者になるだろうし、お寺に聞けば、お盆に墓参りをしたり、お葬式で数珠を手に焼香したりした信者はそれくらいの数になるかもしれない。しかし、個人にたずねたアメリカのPew Research Centerによる調査（2010年）[6]では、一番多いのが無宗教で57%、次に多いのが仏教の36.2%で、キリスト教が1.6%、その他は1%以下となっている。なるほど「あなたの宗教は？」と聞かれれば、初詣だけの神道よりは、仏教のほうが「私の宗教」と答えやすいのかもしれない。うちは何々宗だと親から聞いていたり、家に仏壇があったり、お盆休みがあったり、お墓参りとかお葬式でいろいろなしきたりを教えられたりするのは仏教のほうだ。しかし実際は、調査結果がそれぞれに異なること自体が示すように、アメリカ人と違って、日本人の宗教感覚は稀薄で曖昧なのである。

　初詣に大勢の人を集める神道には、キリスト教の聖書にあるような教えはない。「今年もいい年でありますように」と手を合わせはするが、その対象として、その神社に何が神として祀られているかも、ほとんどの人が知らない。お葬式では、会葬者全員が神妙な顔をしてお経を聞いているが、ほとんどの人は僧侶が何を言っているのかわからない。どちらの場合も、柏手を打ったり、お経を聞いたりしながら、非日常の雰囲気の中で、何か訳の分からない大きな存在を漠然と意識しているだけである。何か大きな存在を感じているので、縁起もかつぐ。カレンダーにはいまだに大安とか仏滅とかが記されているし、調査[7]によれば、大晦日に年越しそばを食べたり（84.0%）、お正月

　5　e-Stat「全国社寺教会等宗教団体・教師・信者数」（2013年3月29日公表）
　6　Pew Research Center（2010）Global Religious Futures.
〈http://www.globalreligiousfutures.org/〉
　7　日本青少年研究所（2011）「縁起に関する意識と行動」
〈http://www1.odn.ne.jp/youth-study/reserch/index.html〉

に鏡餅やしめ縄を飾ったり（72.5%）、お盆に墓参りに行ったり（63.7%）、節分に豆まきをしたり（53.0%）、厄年には神社やお寺で厄除け祈祷をしてもらう（45.7%）。気にすることは、ご飯に箸を立てない（83.7%）、食べ物の箸渡しをしない（73.3%）、友引の日に葬儀をしない（66.7%）、仏滅に祝いごとを避ける（50.0%）、祝いごとは大安の日にする（40.6%）ことなどで、家には縁起物として、寺社のお守りやお札がある（74.9%）が、「何か宗教を信じておられますか」と聞かれれば、「信じている」と答える人は17.1%しかいない。日本人にとっての宗教とは、ほとんどの人にとって、それくらい漠然としたものなのである。

〈宗教の機能〉

　人には考える能力があり、すべてのことに「なぜ？」と原因や理由を求める。ところが人間の認知能力と比べて、人間を取り巻く森羅万象は、あまりに膨大で複雑で不条理に溢れている。例えば、私たちの存在そのものの意味、つまり何のために生きているかということもわからない。それもそのはずで、あの世で志願してこの世に生まれてきたわけではない。物心がついた頃には、もうこの世で人間として生活していたのだから、わからなくて当然である。しかしそんなに簡単には割り切れない。自分はもっと大切な意味のある存在であってほしい。

　時間というものがいつから始まったかもわからない。何か動きがなければ、時間は存在しないことはわかるが、動かない状態がどれくらい続いたのかと考えてしまう。宇宙の果てもわからない。超高速・高性能のロケットに乗って一直線に進んでいくと、いったいどこに着くのかもわからない。無限に広がる宇宙というが、「無限」の意味が実感できない。無限なのは宇宙が曲がっているせいだともいうが、曲がっているなら、同じところを何度も通るわけで、一直線に進んだことにはならないと思ってしまう。

　時間とか空間とか、そんな壮大な話でなくても、身の回りの出来事も不条理で溢れている。どんなに大切な人も、必ず死んでしまう。さっきまで動いて、話して、私の心を喜びで満たしてくれた愛しい人が、突然死んでしまう。叫んでも揺すっても、もう何も言ってくれない。いったいどうしたというのだろう。人は死んだらどうなるのだろう。私も死んだらどうなるのだろう。この思いも、記憶も、見渡す限りのこの美しい景色も、音も、温もりも、す

べてがなくなってしまうのだろうか。そんなことがあっていいはずがない。

あるいは、あんなに悪いやつが、しぶとく長生きしているというのに、なぜこんなにいい人が突然の事故でこんなに早く死んでしまうのだろうか。まじめに一生懸命やっているのに、運が悪くて嫌なことばかり続く人がいる一方で、なぜいつもいい加減なことしかしていないやつが運が良くて幸せそうにヘラヘラ笑っているのだろうか。いったい運は、なぜこんなに不公平なのだろうか。誰がどんな考えで人の運命を操っているのだろうか。

どうにも説明のつかない不条理が身の回りに溢れている。認知能力のある人間は、その謎を何とか説明しようとするが、そのアプローチとして2つの方法がある。科学と宗教である。

科学は、不条理の一つ一つを論理的に説明しながら解明していく。昔なら人智を越えた神のみわざとしか考えられなかったことが、科学で着実に解明されていった。例えば、現代人がスマートフォンで海を隔てた外国人と顔を見ながら話している様子を江戸時代の人に見せたら、それだけで神様扱いをされることだろう。電気について知らなかった人にとっては、雷は「雷神」の仕業とするのが最も納得のいく説明だった。病気という不条理も、科学が1つずつ解明しつつある。マラリアは、むかし悪い空気で伝染すると考えられて、mal（＝悪い）aria（＝空気）と名付けられた。蚊が媒介するとわかってからは、むやみに恐れることもなくなった。筆者が幼かった頃、病状が重くなると祈祷師を呼んでいた家が近所にあった。家の外まで響き渡る大声と太鼓の音が鬼気せまり、子供心に、これなら疫病神も驚いて退散するだろうと思わせる迫力だった。しかしいつ頃からか祈祷師を見かけなくなったのは科学が発達したおかげで、当時と比べれば、ずいぶん多くの病気が薬や手術で確実に治るようになってきた。とはいえ、現在の医学でも治すことができない病気がまだたくさんあるように、科学がまだ解明できない謎は山積している。そして科学者たちはただひたすら毎日根気よく地道な努力を続けることで、1つずつその不条理を解き明かそうとしている。

不条理を説明するもう1つのアプローチが宗教である。科学の発達を辛抱強く待たず、すぐに私と私の周りすべてのものが存在する意味を教えてほしい、この世に満ちている不条理なものすべてを説明してほしいという自然な気持ちに宗教は応えてくれる。この世のすべてを作り、すべてを動かしている何ものか、人間の認知能力をはるかに超えた何ものかについて知りたいという衝動が、地球上のほとんどの文化や社会で、さまざまな仮説を生み出し

てきた。例えばキリスト教によると、父なる神が天地の創造主であり、6日間でこの世を創造し、7日目に休み、主イエス・キリストが12月25日に処女マリアから生まれたことになっている。人は死んでも霊魂は残り、やがてキリストの再臨の際に復活し、信じるものは来世の永遠の命が与えられると説明する。この話が信じられれば、世界の成り立ちも死後の様子もわかり、一見不条理なことも、実は神の御心なので、人間が悩んだり不安になることもない。

　世の中の不条理をすべて説明してくれるのが宗教である。しかし、科学の立場からすれば、死者の復活とか、天地創造説、処女懐胎のように、宗教はどこかに不条理をはらんでいる。人智を越えたものを人智で説明しようとすることに無理がある。しかし、合理的、客観的に説明しようする思考を停止して、そのまま信じてしまえば、すべてに納得できる。つまり、

（世の中の）不条理×（宗教の）不条理＝完全納得（思考停止）

というわけである。疑うことをやめ、信じれば救われる。それがまさに宗教の本質である。

　科学の立場からはとうてい信じられないことを、あっさり信じてしまう原因の1つに、人間がどうしても自分を中心に物事を考えてしまうということがある。世の中のすべての風景が、常に主観的に私の視点からしか眺められないという事実である。ライブ会場で実感できるのは、私が見ている歌手と、その歌手と一瞬目が合った気がする私との関係であり、会場上空のカメラから、全体を客観的にとらえたときの歌手と大勢の聴衆との関係ではない。

　筆者の友人に熱烈なドラゴンズのファンがいるが、いつもラジオで実況中継を聞いている。テレビで観ると、必ず負けると信じているからだ。その試合を何万という人が観戦していて、たった1人にすぎない自分など、ほとんど何の意味もないとは考えない。彼が実感できるのは、ドラゴンズと自分ひとりだけの関係なのである。

　明日はぜひ晴れてほしいという私の願いに反して雨が降れば、私にこだわって天気を操っている、目に見えない力を感じる。そんなことが続くと、私は雨女・雨男だと思い込む。天気を決めている何か大きな力のようなものが私を雨女・雨男に仕立てているのだ。客観的に考えれば、天気は高気圧や低気圧などの動きで決まり、何億人という人がその影響を受けていて、自分ひと

りなど何の意味も持っていないのに、なぜか私だけにこだわって私の周りを動かしている何ものかがいるはずだ、いるに違いない。そう考えてしまう自己中心性が人間の認知の特性である。

　私が感じる意味そのものが主観的なものである。私の周りのものに意味があるのは、それが私の欲望や感情と強く結ばれているからである。客観的に見れば、地球上の何十億人それぞれの個人的な毎日の喜怒哀楽など、あまりにありふれていて、ほとんど何の意味もないものだが、当人にとっては、それがすべてで、他の世界すべてよりも大きな意味を持っている。死ぬことで、その大切な意味のすべてがなくなってしまうなどということは納得できない。目を閉じれば、一瞬で世界のすべてが見えなくなるが、私が感じているこの喜怒哀楽はいささかも損なわれないのと同じように、たとえ肉体は死んでも、その意味は霊魂として持続するはずだ、持続してほしいと願う。

　ところが実際は、脳梗塞などの脳血管障害や頭部外傷などで、脳の中のほんの小さな部分が正常に働かなくなるだけで、体が思うように動かなくなったり、記憶がなくなったり、言葉が使えなくなったり、人格がすっかり変わってまるで別人になってしまったりする。それなのに、人が死んで、遺体が火葬されて、脳のすべてが跡形もなくなっても、その人の記憶や喜怒哀楽の感情がそのまま霊魂の中に残るなどということを信じられるのは、その人との思い出や、つながりがまだ自分の中では生きているからにすぎない。それを絶対失いたくないという自己中心的な思いが思考を停止させる。

　初詣で、100円のお賽銭を投げて入試に合格できますように、と祈る受験生も、自分の立場からしか神様を考えていない。神様の立場で考えると、同じような受験生がたくさん合格を祈っている。だとすれば、何を基準に合格者を決めるのか。賽銭の額か、祈りの時間か、日頃の行いか。すべての受験生の毎日の行動を細かく記録して分析しているのか。そこまで考えてみると、さまざまな不条理が出てくるが、そこまでは考えない。私にとっての神様、いてほしい神様をそのまま信じて、そこで思考を停止してしまうのだ。

　この自己中心性は、自分の感覚や価値観をそのまま無関係な他者に当てはめてかってに解釈してしまう現象も生み出している。例えば夜空に瞬く星のいくつかを勝手につなぎ合わせて「さそり座」と決めてしまう（ちなみに南半球では、これを釣り針だと考えた人たちもいた）。それがギリシャ神話と結びつき、オリオンを刺して殺した功績で天に上げられた大さそりとされ、のちにやはり天に上げられたオリオンは星座になってもこのさそりが怖いので、

さそり座が空に上ってくると、それを恐れてオリオン座は地平に沈んでいくという話まで作り上げている。日本人でも、こうした作り話から派生した星座占いを知らない人はいない。地球人の何という自分勝手な想像力、拡大解釈だろう。

〈宗教の功罪〉

　人類の歴史の中で、そして現在も宗教が素晴らしい働きをしてきていることは事実である。アメリカでは、1620年に到着したイギリスの改革派プロテスタントである清教徒が、神の教えに則った社会の建設を目指して自給自足の生活を始めた。彼らのほとんどは、利益の追求を目的とせず、質素な生活を送りながら、神の教えに従った生活を送ることに喜びを感じていた。こうした初期の人たちの理想主義が、キリスト教の正義を新天地で実現しようとする大きな流れを生み出していった。
　敬虔な信者達は、さまざまな教えに従って倫理面で自分を律し、神への愛と隣人への愛を大切にしてきた。たとえ悪いことや辛いことが起こっても、それは神の思し召しで、結果的にはすべて神の恵みにつながるのだと信じることで救われ、幸せな生活を営んできた。実際キリスト教徒たちが、その高潔さと博愛の精神で、周りの人に幸せをもたらしている例はいくらでもある。筆者がアメリカに滞在中も、そして日本でも、信者の人たちの生き様から、キリスト教の素晴らしさに触れる場面は幾度となくあった。それは仏教でも、神道でも同じだ。
　芸術の面でも、美術、建築、音楽、文学など、ありとあらゆる分野で宗教は作者にインスピレーションを与え、最大限の力を引き出しながら、荘厳な作品を次々に生み出していった。欧米の国を初めて訪れた日本人は、決まってキリスト教が創り出した芸術作品の質と量に圧倒されてしまう。
　しかしその一方で、宗教を信じるあまり、信じない者との間で対立や憎悪を生み出したり、異教徒との間で不幸な闘争や戦争を引き起こしてしまうことも事実である。キリスト教国家としてのアメリカを見たときも、その歴史を自己中心性が貫いていることを痛感する。例えば、プリマスに入植した清教徒達は、たまたま現地の先住民達が天然痘で絶滅状態であったことを、神が原住民を追放することでこの土地における権利を明確にしてくださったと考えた。あるいは19世紀半ばに、原住民を西へ西へと追い詰めて領土を拡

張しながら、神が約束した土地（＝Promised Land）を開拓し、拡大することは、神から与えられた"Manifest Destiny"（＝明確な使命）なのだと主張した。現在でも、大統領の演説などで、アメリカは神に守られた"the greatest country"（＝最も偉大な国）というような表現はよく出てくる。

　オバマ大統領も 2012 年 11 月 7 日の大統領選挙勝利演説を次のような言葉で締めくくった。

　　"And together with your help and God's grace we will continue our journey forward and remind the world just why it is that we live in the greatest nation on Earth. Thank you, America. God bless you. God bless these United States."（＝皆さんの助けと神の恵みとともに、私たちはこれからも前進し続け、まさに私たちが住むこの国が、なぜ地上で最も偉大な国なのかを世界の人たちに思い知らせ続けることでしょう。ありがとう、アメリカ。皆さんに神の祝福がありますように。この合衆国に神の祝福がありますように。）

　神はアメリカを祝福し、アメリカは世界最高の国なのだという自己中心的な思い込みは、キリスト教国家アメリカの誕生以来、いささかも揺らぐことはない。9.11 同時多発テロのあと "preemptive strike"（＝先制攻撃）という言葉がよく聞かれるようになったのも、自分たちの行為は必ず正義なのだという信念があるからだ。

　このように功罪半ばする宗教だが、今後長い目で見れば、宗教は科学のまばゆい光の前に、その神秘性を失ってしまうのだろうか。あるいはその前に、科学が脳の領域に容赦なく踏み込んで、人の喜怒哀楽や思考まで自由に制御するようになるのだろうか。そんなことになれば、麻薬による多幸感が自然な価値体系を壊してしまうように、すべての意味や価値が混沌に飲み込まれてしまうことだろう。そうなる前に、一定の価値体系を固持する宗教の機能が再評価されることになるかもしれない。

　先のことはともかく、今この時にも認知能力のある人間が死の恐怖に囚われている以上、宗教を求めるのは本能に近い必然だという考え方もある。なるほど宗教のほとんどは、死後の世界の霊の存在を想定することで、死の恐怖に折り合いをつけようとしている。

〈死について〉

　確かに死は人間にとって最大の恐怖であり不条理である。しかしうまく生きた人はうまく死ねるのではないだろうか。例えば、やりたいことのほとんどをやってしまい、90歳近くまで生き、子供も立派に成長して、ひ孫に囲まれながら、徐々に自分の体力や知力の衰えを感じている人にとって、死はそれほど怖いものだろうか。

　そして逆に、もし死なないとしたら、それは本当に幸せなことだろうか。いつまでも生きているなら、すべてのことが、今しなくても、いつでもできることになり、ほとんどのことの意味は失われていく。この仕事は面倒だから、150年くらいあとに気が向いたら取り組めばいい。どんなに感動的なことも、何度も繰り返すうちに飽きてくる。胸がときめく恋も、5万回ほどすれば結局どれも同じ成り行きで、もうどうでもよくなってしまう。すべてのことがつまらなくなり、すべてのことに飽きてしまっても、それでもいつまでも死ねないということは、恐ろしく不幸なことではないだろうか。

　今日という日を、大切な命を削って生きているからこそ、今日がかけがえのない大切な日になる。もう二度と会えないかもしれないと思うからこそ、ともに語り合い、笑い合うこのひとときが輝いてくる。命に限りがあることは、それほど悪いことではない。

　そして死が単に「無」になることだとすれば、私たちは毎日眠りに落ちたときに「死」を疑似体験している。夢を見ることもなく熟睡して何時間も過ごしたなら、その間は完全に「無」である。そのまま起きなければ、それが「死」そのものだ。それなのに、ただ翌朝も目覚めるという思い込みがあるだけで、何も恐れず毎日「無」の眠りに落ちていく。つまり「死」そのものは、ただ「無」になるというだけで、実は毎日寝るたびに疑似体験しているほどありふれた現象にすぎない。

　死について自己中心的に考えるから、死は世界がなくなるほどの大事になる。客観的に考えれば、私など、地上に生きる何十億人のうちの1人、今まで生きていたすべての人を数えれば、もう何兆という天文学的な数の人たちの中の、取るに足らない1人にすぎない。死ぬときが来たら、淡々と死ぬことである。眠るように死ぬことである。

　うまく死ぬためにはうまく生きなければならない。やるべきことをやって、ああいい1日だったと思いながら気持ちよく寝床に入り、たちまち「無」の

眠りに落ちるように、自分が人生でしたかったことをやり終えて、ああいい人生だったと思いながら、ぽっくり死ぬことができれば、死は少しも恐怖ではない。

第 11 章

日英語の衝突と CTR

　国際的な交流が急増するにつれ、それぞれの文化特有の価値観を反映した文化変形規則（CTR）の衝突が増えていることは今までに見てきた通りだが、文化の衝突はほとんどの場合、言語の衝突とも複雑にからんでいる。この章では、日本語と英語の衝突をめぐって、そこで浮かび上がるさまざまな問題と将来への課題を考えてみたい。

〈日本人にとっての英語〉

　英語という強大なものに対する日本人の態度は、まさに日本的な CTR 通りのものである。

① 『謙遜志向』（畏れ多くてへりくだる）
　世界中でいま最も力のある英語の前では、日本語はへりくだるばかりである。小学校から国民全員が、英語を母語とする人の真似をありがたくさせていただく。英語はあこがれであり、理想である。英語と比べれば日本語など、非論理的で曖昧でカッコ悪く古臭い。日本語を捨てられないのなら、せめてカタカナ英語でも大量に取り入れないと、英語との差は開くばかりだと考え、日本の中ですら日本語をだんだん使わなくしようとする。
　1992 年に "JA" に名称を変更した「農協」について、日本語を勉強しているアメリカ人の友人は、字を見ただけでどんな組織かわかる「農協」という素晴らしい日本語をどうして捨てるのかしきりに不思議がっていた。実はその 40 年ほど前の 1950 年代からその 1990 年代までの間に雑誌の語種構成比

率がどのように変化したかを分析した調査[1] によると、外来語が9.2% から24.7% へと3倍弱、外国語が0.7% から6.8% へと10倍弱も増加しており、1990年代の広告では外来語が和語より10% も多く使われている。

　その後2003年になって、国立国語研究所が、わかりにくい外来語を日本語で言い換えようと初めて提案した。それ以来、2006年まで4回にわたって毎年提案してきたが、その内容[2] を見てみると、確かに言い換えたほうがよほどわかりやすいものが多い。アイデンティティ → 独自性、アウトソーシング → 外部委託、アカウンタビリティー → 説明責任、アジェンダ → 検討課題、インターンシップ → 就業体験、インフォームドコンセント → 納得診療・説明と同意、コンプライアンス → 法令遵守、サーベイランス → 調査監視、タスクフォース → 特別作業班、デジタルデバイド → 情報格差、トレーサビリティー → 履歴管理、ハーモナイゼーション → 協調、プロトタイプ → 原型、モラトリアム → 猶予、モラルハザード → 倫理崩壊、セーフガード → 緊急輸入制限、ユニバーサルデザイン → 万人向け設計、等々、なるほど日本語のほうがはっきりわかると思えるものばかりだが、その後この提案が受け入れられて外来語が使われなくなったという例は思いつかない。やはり英語のほうがかっこいいので手放せないと思っているうちに、日本語はどんどんやせ衰えていきそうだ。2013年、テレビ番組でわからない外国語が多用されていることで精神的苦痛を負ったとして、岐阜県の男性がNHK に慰謝料を求める訴えを起こしたが、そう言われてみて、確かにそうだと初めて気付いた日本人は多かったに違いない。

　とはいっても、すべて日本語で、と言っているわけではない。日本語で表すと長くなったり、かといって語数を減らすと誤解されそうなときに、英字やカタカナを使うことに反対はしない。「文化変形規則」は長く、かといって「文変則」では誤解されそうなので、"CTR" を使う。"NPO"（nonprofit organization: 非営利組織）も同じ理由だ。あるいは日本にはなかったために置き換える言葉もないような概念を、「プライバシー」とか「ボランティア」として取り入れることで、日本語を豊かにできることも確かだ。音だけを伝えるカタカナが便利に使えることは日本語の長所でもある。しかし、それと"JA"

　1　伊藤雅光（2007）「雑誌に見られる外来語と外国語」
〈http://www.ninjal.ac.jp/archives/event_past/forum/30/haihu_30.pdf〉
　2　国立国語研究所（2006）「『外来語』言い換え提案　第1回〜第4回　総集編」
〈http://www.ninjal.ac.jp/gairaigo/Teian1_4/index.html〉

とは違う。同じ2文字で、わかりやすい「農協」があるのに、おそらく"JA"にしただけで何か高級な感じがすると考えたのだろう。虎の威を借りる狐のように、英語を使っただけで皆が畏れてへりくだってくれると考えてしまうのは、自分が英語にへりくだっているからである。

　もっとも、こうした日本人の態度は何も今に始まったことではない。昔は強大なものが英語ではなく漢語であっただけだ。昔も今と同じように何から何まで中国の真似をして得意になっていた。紫式部が、漢語を使って得意になっている清少納言のことを、『紫式部日記』の中で「真名（＝漢字の楷書）書きちらしてはべる…」とけなしている図式も今と少しも変わりはない。違いは、今や日本は先進国の一員で、世界に大きな影響力を持っており、自ら作り出したものを世界に与える方の立場にあるということだ。

② 『集団志向』（みんな一緒にする）
　1998年度の学習指導要領改訂までは、外国語は選択科目で、選択する場合でも、フランス語やドイツ語を学んでもいいことになっていた。しかし、皆がやっていることは皆に合わせてやらなければというCTRから、実際にはほとんどすべての学校で外国語を教え、しかもそれは英語に限定されていた。1998年度からは、中高ともに外国語が必修科目になり、中学校では「英語を履修させることを原則とする」ことになった。そして現在でも相変わらず、世界でも珍しいほど英語しか学ばせようとしない偏った外国語教育が行われ続けている。

　多文化共生を目指すなら、当然英語以外の言語も学ぶ必要がある。アメリカでもスペイン語を話す人の割合がどんどん増え、世界でもヒンディー語やアラビア語を話す人が増えてきている時代に、逆に英語だけに集中させようとするのは時代錯誤ではないか。政府はグローバル人材の育成をしきりに強調するが、それなら英語以外の外国語を使いこなせる日本人も幅広く育成することが急務である。

③ 『依存志向』（甘える）
　戦後アメリカに甘えてきたのと同様、英語にも甘え続けてきた。例えば、コンピューターに関連する用語は、ほとんど英語のまま使っていて、それを日本語に置き換えたり、新しい日本語を作ろうとしたりはしない。その点中国などでは、新しく登場したものも、できるだけ中国語に直して取り入れよ

うと努力している。中には音まで合わせた傑作もある。例えば、「迷你裙」というのは、「ミー・ニー・チュン」と発音するが、意味は、「迷＝迷わす」、「你＝あなた」、「裙＝スカート」、つまり「あなたを迷わすスカート」で「ミニ・スカート」となる。中国は、中国語だけでやっていこうとする自立心を失ってはいない。

インドネシアやタイから日本に留学して日本語を学びながら大学院で勉強をしている留学生が、彼らの母語では世界の最先端の科学を表現できないと言って日本語をうらやましがる。なるほど、欧米以外で幼稚園から大学院まで母国語だけで教育できる国は珍しいし、大学院レベルで扱う概念を表現できない言語は二流の言語と見なされてしまいがちである。しかし、日本の大学院でも、帰国後の活躍を考えて、というような理由で留学生に英語による教育をしているところもあるし、日本人にすら英語を使用しているところもある。理由はともあれ、英語に依存する形が広がっていくと、いつの間にか日本語の発達が止まって、日本語では最新の研究が扱えなくなり、日本語自体の相対的地位はどんどん低くなっていくことだろう。

甘えの態度は、教師、学習者の双方についても言える。もうずいぶん前から日本人の英語は使いものにならないと言われているのに、いっこうに上達しない。学習者は英語教育のせいにし、英語教師は入試制度のせいにするが、かといって学習者は自分で猛烈に英語学習を始めるでもなく、英語教師は相変わらず入試を錦の御旗にして授業を進めている。結局どちらも現状に甘えているのである。

④ 『形式志向』（型通りにする）

英語に取り組む型がすっかりできあがっているので、自由に教えたり、学んだりすることが非常に難しい。帰国子女の小学生がせっかく英語の力をつけて戻ってきても、型通りに英語を始める学年まで待たせて、すっかり忘れさせてしまう。授業も他教科の授業と同じように40人近くの生徒が一緒に「起立、礼！」で始めたりする。正しい姿勢で机に向かい、静かに説明を聞き、訳し、単語や構文の型を覚え、型通りの試験に臨む。生活で英語を使うわけではないので、あくまでも公平で簡単に採点できる試験の形式に合わせて教える内容が決められる。英作文は模範解答があって、その型から外れると点がもらえない。コミュニケーション能力の育成を目標にしているはずなのに、授業では会話の定型表現の丸暗記に専念する。それも型通りの試験のためで、

実際の会話となると型通りには進まず、すぐにお手上げだ。それでもやはり型がないと、先生も生徒も不安になる。

⑤ 『調和志向』（相手に合わせる）

　強大な英語に対しては、逆らうことなく、ひたすら相手に合わせようとする。別に強制されたわけでもないのに、自分のほうから日本語を引っ込めてしまう。ここは日本なのに「街角で外国人を見かけたら、恥ずかしがらずに気楽に『ハロー』と声をかけよう」と呼びかける先生も増えてきた。自分の名前もローマ字にし、そのうえ自ら進んで欧米風に姓と名を逆にして平気である。日本の慣習を尊重すべきだという欧米の日本研究者たちの提案で外国の出版社の多くが日本の作家などの名前の順序を日本式にしているのに、日本人のほうが逆にするので、彼らは日本に裏切られているような気分になってきたと言う。[3] アメリカ人が日本で署名するとき、カタカナ書きで、しかも日本式に姓と名をひっくり返すなどということはほとんど考えられない。

　ところがアメリカでも、電話帳のような名簿を作るときには、日本式に姓を先に書いてコンマをつけ、そのあとに名前を書く。その点では日本式のほうが合理的だ。それなのに日本人はわざわざ不合理で不便な書き方に合わせる。一事が万事、数字の書き方にしても欧米に合わせて三桁ずつコンマで区切るが、これは英語の thousand, million という区切りに合わせた方法で、彼らには便利でも、日本人にはほとんど意味がない。結局、1、10、100、千、万、10万、100万、千万…と、いちいち下から1桁ずつ数えなければならない。日本では4桁ずつ区切ったほうがよほど便利である。そうすれば、その区切りを万、億に置き換えて、すぐに数字を読むことができる。それなのに3桁で区切る不便をひたすら我慢して、ともかくあちらに合わせようとする。

　学習内容についても、今までは読解を進めながら文法規則や語彙を習得する作業が中心で、英語で自分を主張するような訓練はほとんどしなかった。1994年度から実施された高等学校新学習指導要領で、外国語科に「オーラル・コミュニケーション」が新設され、「自分の考えなどを整理して発表したり、話し合う能力を養う」ことなどが目標とされて、スピーチ、ディスカッション、ディベートまですることになったが、日本語ですらしていないことを英語でどうすればいいのかという懸念が現場の教師の間に広がり、実際に

3　朝日新聞（1993年5月10日）

はその授業で昔ながらの内容を展開する学校も多かった。自分の考えを主張するよりは、やはり「相手に合わせる」読解やリスニングのほうが日本人にはなじみやすい。

⑥ 『自然志向』（自然の流れに任す）
　英語が世界中でどんどん力をつけていると聞いても、日本語の普及に力を注いで少しでも流れを変えようとは思わない。すべての言語は対等であるべきだという主義にこだわって行動を起こす者も少ない。イデオロギーなど、どうでもいい。長いものには巻かれろで、むしろ英語の大きな流れに任せて、日本国内への英語の進出を助長している。放送にしても、2013年度の時点で在日外国人を対象にした日本語教育番組はNHKで1つしかないのに、英語教育番組は20本もある。英語の副音声による2か国語放送は衛星放送を始め、どの放送局でも毎日盛りだくさんだ。流れに乗って「生の英語」をどんどん入れて、もはや英語は常識だというような状況を自ら増幅して作り出しているのである。

⑦ 『悲観志向』（悲観する）
　どうせ小さな国日本だけで使っている日本語などは世界に受け入れてもらえないだろうというのが多くの日本人の考えだ。英語でも昔は小さな国の中でしか使われていなかったのだから日本語だって…、とは考えない。これからの国際社会では、英語が使えないと仕事にならない、英語が使えないと国際社会で村八分にされてしまう、という悲観的な予測に日本人は共感する。借金をしてまで、授業料の高い英会話学校をハシゴしている人も大勢いる。英語なんかできなくても何とかなるよ、というような楽観は極楽トンボのたわごとにしか思えない。子供をわざわざ国際学校へ入れる親もいる。漢字が書けない変な日本人が育っても英語さえできればいい。帰国子女がうらやましい、日本語をしゃべる日本人に生まれて後悔している、などと言う生徒も出てきた。日本語の将来を悲観しているのだ。

⑧ 『緊張志向』（力を入れる）
　ただでさえ外国語の習得は大変だ。まして生活で使っていないとなると、まったく不自然な努力を強いられる。しかし、1989年に中・高の学習指導要領が改訂され、外国語科の目標に「外国語で積極的にコミュニケーションを

図ろうとする態度を育てる」ことが加えられて以来、相手もいないのに積極的な態度だけ持つことが求められる。それならまあ、ともかく、全員やれるだけのことはやって頑張ろうと考える。努力がむだになることには慣れている。結果はどうであれ、努力すること自体が評価される日本だからだ。

　日本人の英語に対するこうした態度が大勢を占めているので、「国際コミュニケーションの道具として使える英語」はこれからの日本人が当然修得すべきものとして、日本人の意識の中でますます大きな存在になってきている。「英語ができなければ人並ではない」という強迫観念すら感じていると言っていい。しかしずいぶん前からそれほどまでに殊勝な態度で英語に取り組んできたわりには、英語力がいっこうに伸びていない。留学希望者が受けるTOEFL も、受験者数は他の国と比べて圧倒的に多いが、成績はアジア諸国の中でも常に最下位のグループに入っている。例えば、2012 年のテストデータでは、アジア 30 ヶ国中、27 位であった。[4]
　英語が苦手な日本人は、グローバル化がますます進展するこれからの時代に、世界を相手にどのような形でコミュニケーションを図ればいいのだろうか。いろいろな可能性を探りながら、それぞれの問題点を浮き彫りにしてみよう。

〈便利か、そして平等か〉

　国際コミュニケーションの道具として英語がいかに便利な道具かに異論を唱える人はいないだろう。貿易立国日本としては、今や取り引きで不可欠になった英語の学習を声高に求める。待ってましたとばかり、英語教師も英語の便利さと必要性をしきりに強調する。しかし本当に国際コミュニケーションがすべて英語で行われるようになったときに、英語を母語とする者と比べて、日本人がどれほど不利な状況に置かれてしまうかも同じように明白なのに、その不平等性はほとんど問題にされない。何人かが問題提起をしても、黙殺されてしまう。強大な英語に対して、先に見たように日本的な CTR 通りの態度を取ってしまうことに加えて、取り引きで商品を買ってもらうため

---

[4] Educational Testing Service (2013) Test and Score Data Summary for TOEFL iBT Tests and TOEFL PBT Tests. 〈http://www.ets.org/s/toefl/pdf/94227_unlweb.pdf〉

には、不利は百も承知でお客様に合わせるしかないと考えてしまう。まして我が世の春を謳歌し続ける英語教師にとっては、せっかくの英語ブームに水を差すような発言はタブーなのである。

　日本人が言語における不平等に異議を唱えるためには、皮肉なことに、まずアメリカ的なCTRで英語をとらえ直してみようとする態度が必要なのかも知れない。つまり、英語を畏れることなく日本語と対等に見ながら、多数派と意見が違っても、あくまでも母語である日本語を使用する権利を主張しようとする態度である。あるいは日本語の将来を悲観して全国民に画一的に英語習得のための不自然な努力を求めたりしないで、英語支配による不平等な状況そのものを変えようとする態度である。それがなければ英語の勢いに押されるばかりである。その態度ができたうえで、目先の利益にとらわれず、次の世代の日本人にとって、どんな言語状況が可能で望ましいのかについて、さまざまな角度から議論を深める必要がある。

　英語は確かに便利な言語だが、例えばぜいたくな使い捨て文化を、便利さとして、豊かさとして、ひたすら追い求めたことが、東南アジアの熱帯雨林伐採による生態系の破壊につながったように、英語による便利さや豊かさを全国民がひたすら追い求めようとするなら、そのかげで確実に失われていくものもあるのではないだろうか。英語教育や英語学習は決して言葉だけに終わらない。それは文化的にも、経済的にも、政治的にも、軍事的にも、影響力の極めて大きな国際的活動なのである。スリランカのある政府高官が、英語教育を普及させれば、"For one tenth of the money they pay for 'starwars' the Americans can get the whole of Asia listening to their president."（=『戦略防衛構想』に使う10分の1のお金で、アメリカ人は全アジアに彼らの大統領の言うことを聞かせることができる）と言った[5]と伝えられているが、こういう思いがけない視点も含めて、日本人が英語を学ぶことの意味を常に自問する姿勢を忘れてはならない。

〈日本人の国際コミュニケーション〉

　日本人にとって、国際コミュニケーションの理想的な方法とはどのようなものなのかを、便利さと平等性の視点から考えてみると、図5のように7つ

5　Phillipson, R. (1992) *Linguistic Imperialism*. Oxford University Press. p. 9.

便利か　①　⑥　③　平等か
　　　　　　②　⑦　④
　　　　　　　　　　⑤

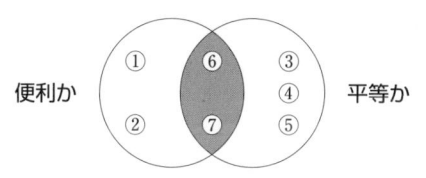

図5. 国際コミュニケーションの方法

の方法が考えられる。

1. 便利さ

　まず、便利さだけを考えれば日本語を世界に普及させるか、逆に英語を使いこなすかである。

① 日本語の普及

　文化庁による調査[6]では、2012年現在、日本国内に在留する外国人は約204万人だが、そのうち、日本語教育を行っている機関、施設、団体で学習している外国人は約14万人いる。彼らのためにも、日本での外国人とのコミュニケーションに日本語を使う姿勢はもっと大切にしたい。英会話指導に熱心な先生が言うように「街角で外国人を見かけたら、恥ずかしがらずに気楽にハローと声をかけ」たりしてはいけない。話しかけるなら「やあ、こんにちは」と言うべきだ。逆に英語で話しかけられて、"I'm sorry. I can't speak English."と英語で謝ったり恥ずかしがったりしているから、何年日本にいても日本語を覚えようとしない外国人が巷に溢れている。日本語を勉強している知人のアメリカ人によれば、日本人に日本語で話しかけても英語で答える人が多いという。だんだん学習意欲がなくなってくると彼は嘆く。日本人が日本語を大切にしないで、いったい他の誰が大切にしてくれるのだろう。日本での日本語使用に、へりくだりのCTRを適用すべきではない。日本語教育についても、どこかに「日本語を覚えてもらう」という意識があるので、教えるほうは報酬をあまり求めない。ボランティアと言えば聞こえがいいが、それが結果的に日本語教育のプロを育てにくくしている。せめて日本の中では、日本人の思考そのものである日本語にもっと誇りを持ちたいものである。

6　文化庁（2013）「平成24年度国内の日本語教育の概要」
〈http://www.bunka.go.jp/kokugo_nihongo/jittaichousa/h24/gaiyou.html〉

一方、国際交流基金による 2012 年の調査[7]では、海外での日本語学習者は約 400 万人で、この 20 年あまりの間に約 4 倍に増えている。とはいえ、海外のどこでも日本語を使ってコミュニケーションを成立させるのは今のところ夢のまた夢の話である。それに、日本語を学びたいという人たちにできる限りの便宜を図るのは当然としても、海外で日本語を強引に通用させようとすることは、かつての列強が植民地で犯した過ちをまた繰り返すことにもつながりかねない。

② 　英語の全面的使用
　日本語を世界に普及させるのは無理なのだから、逆にいっそ幼稚園からすべて英語を使って教育すれば、と主張する人もいる。それなら苦もなく覚えられるし、日本語は家庭で使うから大丈夫というわけだ。しかしこうした外国語による教育にはさまざまな問題が起きる。例えば、英語で学校教育を受けることで、英語が下手な親を尊敬できなくなるなど、家と学校での価値観や生活文化の対立と混乱に直面して、日本人としての誇りを失ったり、母語の発達が阻害されて成績不振に陥ったりすることは、発展途上国の多くが共通して抱えている課題である。
　2012 年 7 月に英語の公用語化に踏み切った楽天では、「ケータイ管理職」が目立つようになったという。会議は一応英語でしたが、ちゃんと伝わったかが不安で、会議後に携帯電話をこっそり取り出し、「英語で説明したあの件だけど意味を取り違えていないよね」と確認する管理職のことだ。数年内に「全社員 TOEIC 800 点超え」という目的も示されているので、転職を考えている社員もいるそうだ。[8] ここは日本なのに、そして入社したときはそんな話はいっさい聞いていなかったのに、突然、社員全員が英語で意思疎通できるようにと言われたのでは、英語が苦手な社員などは、言語権の侵害で会社を訴えたいような気持ちだろう。2013 年のプロ野球日本シリーズで楽天が優勝したとき、歓声にわく社内の応援会場がテレビに映し出されたが、その画面に「日本語解禁」というテロップが流れた。今日だけは日本語を使って喜びを分かち合っていいですよというわけだろうが、日頃社員が感じているに違いないストレスを妙に生々しく感じたものである。

7　国際交流基金（2012）「海外での日本語学習者数」
〈http://www.jpf.go.jp/j/about/press/dl/0927.pdf〉
8　アエラ（2013 年 7 月 8 日）朝日新聞出版．p. 22.

一時的な混乱はあっても、長い目で見ればいっそ日本語をやめてすべて英語だけにしたほうが便利ではないかと言う人もいる。尺貫法をやめてメートル法に変えたとき、あんなに大騒ぎしたのに、今になってみればやはり変えて便利になったではないか、言葉でも同じことだ、と彼らは主張する。確かに英語を母語とする人たちにあこがれ、彼らの集団の一員になりたいという強い願望を持った人にとってはそうかもしれない。それはその人の自由だ。しかし、日本人全体の言語を英語にするには、ある時、日本人すべてに英語を強制しなければならない。長さや重さの単位を変えるのと違って、母語を否定され、外国語を強制されるということは、もう一度思考そのものをゼロからまったく違うものに変えさせられることである。自由な思考の道具である母語を奪い取られて自分の自由な思考を否定されること、つまり自分という存在を否定されることである。私が私としていられることと引き換えにできるような、どんな便利さ、どんな利益があるというのだろうか。私が私として存在する権利がある限り、母語である日本語を奪われるいわれはない。

　さらに、万一、世界の言語が英語だけになってしまったとしたらどうだろう。英語の音しか聞こえなくなり、英語の発想しかできなくなり、英語文化の価値観しか残らないとしたら、世界は何と単調で味気なくなってしまうことだろう。お互いのコミュニケーションがうまくいくことと、同じになってしまうこととは違う。世界各地の風土が違うように、さまざまな言葉や文化があるから、さまざまな人々が自然に無理なく生きていけるのである。ちなみに 1982 年 9 月に欧州会議から出された勧告には、"…the rich heritage of diverse languages and cultures in Europe is a valuable common resource to be protected and developed, and…a major educational effort is needed to convert that diversity from a barrier to communication into a source of mutual enrichment and understanding……"（＝…ヨーロッパの多様な言語や文化の豊かな遺産は、保護し、発展させなければならない貴重な共有資源であり、…その多様性をコミュニケーションへの障害から、相互を豊かにし理解する源となるものに変えるためには、多大な教育的努力が必要とされる…）とある。多様な民族が持つ多様な言語と文化がますます個性的に混在できてこそ、世界は真に豊かで幸福なのである。

2.　平等性

　次に平等性を重視する視点がある。現在すでに英語を母語とする者としな

い者との間に大変な不平等が存在していることは明白である。たまたま英語圏ではない土地に生まれ、英語ではない言語を母語にしたというだけで、小さな頃から長年にわたって英語習得に多大な時間と労力とお金を注ぎ込むことを強制され、英語ができないだけで人生の可能性が大幅に狭められるとすれば、それはまさに「言語差別」と呼ぶにふさわしい事態である。社会に出てもビジネスが当然のことのように英語で行われ、英語を母語とする者のペースで一方的に進められる。マス・メディアの情報も圧倒的に英語圏の人たちによって英語で世界に流される。1991年の湾岸戦争時、普段はいろいろな国からのニュースを流しているNHKの衛星放送が英語一色になった。即時性を重視すればどうしても英語になってしまうというのだ。あとになって米マスコミ19社が報告書をまとめ、湾岸戦争の報道が米政府・軍の厳しい管制下におかれていたことを批判したが、なるほど、残酷で悲惨な場面はほとんど放映されなかった。いわば英語を母語とする人たちのフィルターを通した情報しか私たちに入ってこなかったのである。そのうえ、国際的な学会や論文発表でも英語の使用が求められ、国際的な政治交渉も主に英語で進められるとすれば、英語を母語としない者は、あらゆる場面で圧倒的に不利な立場に立たされてしまう。思考の道具である言葉、つまり英語が劣っていると、いかに優れた見識があっても、思考そのものまで劣っているような印象を与えてしまうからである。しかしそれがまさに世界の現実である。だとすればそうした不平等を解消するには、どんな形のコミュニケーションが考えられるだろうか。それは、人工語の使用と、国際英語の使用、それに現地語の使用である。

③　人工語

　人工語といえばすぐにエスペラントが頭に浮かぶ。ザメンホフが創案したこの国際語は、言うまでもなく例外のいっさいない合理性を特徴とする。しかし提唱者たちが主張する簡便さと中立性については額面通りに受けとることはできない。つまり語彙のほとんどを西欧の有力言語から採用しているので（例えば、「科学」は"scienco"）、日本人にとっては簡単でもなければ中立でもない。いわばこれは西欧人の共通語である。さらにこの言語を母語とする者がいなくて中立であるということ自体が、逆に背景の固有文化を持たないための無味乾燥さを感じさせ、伝える微妙な意味と機能に限界を感じさせてしまう。

それでは、微妙な味わいは我慢するとして、せめて世界中の人々に等しく中立な国際人工語を作ることは可能なのだろうか。ある分野の語彙はある言語から、別の分野の語彙は別の言語から、この母音はこの言語から、別の母音は別の言語から、この文法規則はこの言語から、あの文法規則は…というように、なるべく均等に使用者の多い言語からいろいろな要素を取り入れて作ればある程度それは可能かもしれない。しかしそうやって中立性を重視すればするほど、誰にとっても習得が難しい言語になってしまう。人工語の条件である合理性は簡単に実現できる。しかし残り2つの条件、簡便さと中立性は両立できないのである。

④　国際英語

　英語の「脱英米化」という言葉で表現されるように、英語はもはや英米という枠を越えて世界共通語になったのだから、英米の英語や文化から切り離し、単なる自己表現の道具として使えばいいと主張する人がいる。つまりインドにはインドらしい「インド英語」があり、シンガポールにはシンガポールらしい「シンガポール英語」があるように、日本には日本らしい特徴のある「日本英語」があっていいというわけだ。「私が使っているのは英語ではなく、世界共通語で、たまたま英語にとてもよく似ているだけだ」と言う人もいる。だから英語を母語とする英米人に発音や文法をチェックしてもらう必要などない、と主張する。「国際英語」、「民族英語」、「ジャングリッシュ（＝Janglish）」などと呼ばれる「日本英語」を提唱する考え方だ。

　英米人の猿真似などせず、対等な立場で英語を使おうとする、日本人としての心意気はよくわかるが、3つの点で無理がある。まず、インドやシンガポールなどと違い、日本人が共通して使っている「日本英語」なるものが存在しないことである。日本人らしい特徴のある日本英語でいいと言われても、標準的な日本英語などどこにも存在しない。「日本英語」を教えるテレビ番組も教科書もなければ、先生もいない。マス・メディアから大量に流れる英語はほとんどが英米人の英語だ。どうせ最初から勉強するなら、英米人の英語でも労力は同じ。むしろ、そちらのほうがよほど便利に安心して学べる。少しも不平等さの解消にはならない。

　次に、英米人の英語を必死に真似したつもりでも、結果は日本人の訛りのある発音と日本人の癖（くせ）のある英文になっているということだ。最初から「日本英語」でいいなどと言っていたのでは、結果は惨めなものになる。つまり

誰にも通じない英語になってしまうのである。外国で日本式に「ホエアー・イズ・マクドナルド」と言ったのではハンバーガーにもありつけない。

　最後に、英語というものが、それを母語として話している人たちが大勢いる生きた言語である以上、彼らの文化と切り離すことはできないということである。英語を学ぶことは、その背後の文化を学ぶことと常に表裏一体である。英語をうまくしゃべるということは、英語の発想でものを考え、英語のCTRシステムで発話や行動をするということである。つまり価値観まで英語風になってしまう。そうでなければ、先輩に"Senior!"と呼びかけ、初対面の挨拶で"Please be nice to me."（＝よろしく）と言い、お正月には"Congratulations!"（＝おめでとう！）と声をかけ、「拝啓仲秋の候、貴社益々ご清栄のこととお喜び申し上げます」などという手紙の前文を、そのまま英語に直訳することになる。もっともらしいこの「国際英語」という考え方は、あくまでも英語を母語とする者の立場から「外国人の英語なら少しくらいの間違いは大目に見ましょう」というほどのもので、不平等さの解消にはほど遠いものなのである。

⑤　現地語

　言語における平等を実現するために、母語の尊重、つまり現地語使用の原則を尊重せよと主張する人たちがいる。言語における人権の尊重という見地からまったく同感である。日本に来た中国人は日本語を、中国に行った日本人は現地の中国語を使うのが一番望ましいことは言うまでもない。手紙でも、電話でも、ファクスでも、到着先の言語を使用することにすれば母語は十分尊重される。しかしそれを原則としただけでは、国際コミュニケーションは著しく阻害されてしまう。現在の英語が与えてくれる便利さをすっかり失ってまで平等さを取ろうという人はそんなに多くはない。背に腹はかえられない。

　もう少し現実的な案として、お互いにしゃべる言葉は母語を原則としようと提唱する人がいる。なるほどわれわれにとってみれば、英語は聞くだけでしゃべらなくてもいいなら、ずいぶん負担が軽くなる。しかし、何人の外国人がわれわれのしゃべる日本語がわかるようになるまで日本語を勉強してくれるだろうか。この案の最大の弱点は、まさにそこにある。つまり、相手の言葉を知らなければ知らないほど自分の主張だけを聞いてもらって得になり、相手の言葉を勉強すればするほど相手の言い分を聞かなければならなくて損

になるという点である。

3. 便利さと平等性
　そこで、便利さと平等性を同時に満足させる方法として同時通訳と機械翻訳が考えられる。この2つの方法について英語教師たちは、あちらが繁盛すればこちらが迷惑する商売敵のような気持ちもあって、とかくあら探しをしてきた。なるほど、どちらも十分便利とは言えない。同時通訳でも、うまくやろうとすれば事前の入念な打ち合わせが必要だし、機械翻訳でも前編集や後編集で手を加えなければならない。しかし逆に言えば、それだけのことで平等性が確保される。あるいはどちらもまだまだ不完全だと強調する人が多い。しかし、一般的な日本人の英語はもっと不完全で不正確なのである。

⑥　同時通訳
　逐語通訳はもちろん、同時通訳でも今や十分実用に耐えるレベルにある。話そうとする意図を事前に通訳者に伝えておけば、熟練した通訳者は見事な同時通訳をやってのける。課題を挙げるとすれば、1つは待遇である。高度な専門職のわりには待遇が悪い。優秀な通訳者を多数確保するためには、専門家としての身分の保障も大切である。そのためにも、国際的な中立機関に通訳を養成派遣する機能を持たせ、重要事項を公式に話し合う際には、その機関が無料で通訳を派遣することで、すべての人々が平等に国際コミュニケーションに参加する権利を保障するという原則を確立できないものだろうか。個人的なレベルでも、例えば医療通訳について、アメリカでは公的医療保険で通訳費用の一部が支払える州もあり、2010年からは医療通訳士認定試験制度も始まり、専門職として育てようとしている。これからの多文化共生社会で、少数派の言語を使用するほうが通訳費用を負担することになっていては、弱小な民族はいつまで経っても不利な状況におかれてしまう。

⑦　機械翻訳
　文明の発達の原動力の1つは、不便なこと、面倒なことをなくそうという願いであった。小型計算機の発達で、私たちはもう複雑な掛け算や割り算を筆算でしようとはしない。言葉も決して例外ではない。言葉においてだけ面倒や苦労をいとわないということはない。ほかがどんどん便利で楽になるのに、外国語習得だけがいつまでも実に面倒な努力の積み重ねを必要とするな

ら、人類はそこに英知を結集する。

　MT（＝機械翻訳）は、二言語間の語句単位での置き換えを中心とする50年代や60年代の"Direct System"から、入力された言語を分析して転移規則を適用するソフトを使う"Transfer System"に発展した。そしてさらに80年代後半からは入力された言語を一度"interlingua"（＝中間言語）に表記し直し、それから目標言語に直すという"Interlingual System"が主流になった。翻訳する言語がいくら増えても、この方式なら、ある言語について、それを分析して中間言語に直すソフトと、中間言語からその言語に組み立てるソフトの2種類を用意すればいいからである。現在は、この中間言語にあたるものとして"UNL (Universal Networking Language)"を基軸言語とする方式など、さまざまな方向性が生まれている一方で、コンピューターの性能が劇的な進化を続けているために、膨大な用例のデータをそのまま蓄積し、瞬時に取り出すことも可能になり、新たな可能性が生まれつつある。

　現在でもすでに、領域やレベルを限定した音声機械翻訳が実用化されているが、どんな自然言語でも、CTRのような文化的な変形規則まで適用しながら何でも翻訳してしまう機械翻訳機の出現までには、さらに何十年もかかるだろう。しかし、仮に40年かかるとしても、例えばいま英語を習い始めた中学生が、最も責任のある仕事を任される50歳代に入った頃である。外国を訪れた彼らが、簡単な挨拶を現地の言葉で交わしたあと、複雑な商談や会議になると、やおらスマートフォンを取り出して日本語で話しかけ、その内容がネットワーク上の高性能コンピューターで瞬時に処理されて、相手のスマートフォンから現地語で聞こえてくるというのは、もはや現実になろうとしている。バベルの塔以来の人類の悲願は、21世紀に確実にかなえられようとしているのである。

　以上見てきたように、国際コミュニケーションにおいて便利さと平等性をどう両立させるかは、ますますグローバル化が進む国際社会において人類が直面している大きな課題である。特に主要先進国の中で、インド・ヨーロッパ語族ではない言語を使う唯一の国日本が言語においてどのような立場を取るかは、他の非英語圏の国々の言語政策に大きな影響を与えることだろう。強大な英語にへりくだって母語である日本語を軽視する愚行だけは避けたいものである。

　ただし、だからといって外国語学習が不必要であるということでは決して

ない。次章で詳しく見るように、外国語学習を通して異質なものに触れることは、特に日本人にとって、とりわけ重要なことなのである。自らの言語と思考の世界を豊かに広げるために、異文化の人たちとの交流を楽しむために、あるいは世界の舞台で思う存分活躍するために自ら進んで外国語を学ぶことと、国際コミュニケーションで英語の使用を強制されることは、まったく別次元の問題である。

英語支配への異議申し立てについては、それが英語を母語とする人たちへの敵対心や偏狭で感情的な国粋主義に短絡することを避けたいものである。誰に強制されたわけでもなく、自ら進んで英語を溢れさせておいて、今になって英語支配に抗議するのは筋違いだとも言える。英語が圧倒的に使われているという現実を認めたうえで、これからどういう場面で、どういう言語を使うかを、まず私たち自身が主体的に選択することから始めなければならない。そしてその一方で、英語を母語とする人たちに根気強く言語における平等を訴え、不平等な事態の改善に向けて彼らの共感を得るのでなければ、単に独りよがりの現実離れした反抗で終わってしまうことだろう。いわば英語支配の不当性を英語で訴えるというもどかしさにも耐えうるような柔軟で強靭な知性のみが、世界の共感を勝ち取ることができるのである。

第 12 章

CTR と学校英語教育

　従来の学校英語教育では、英語の背後にある文化の価値観を教えることはほとんどなかった。英語を母語とする人たちと実際に接触する機会が少なく、教師自身も背景文化についての知識が不足していたために、英語教育は紙の上での言葉の置き換えが中心となり、入試問題もそれを助長していた。ある設問に対して解答が1つしかないことが条件で、その解答を覚えさせることが英語の勉強だった。"is" の過去形は "was" しかなく、"book" の複数形は必ず "books" だ。知識の量を計って評価するのは最も簡単で、かつ公平である。質の差より、量の差のほうがわかりやすいからだ。例外が多く相対的で、常に変化している文化変形規則（CTR）など、出る幕はなかった。
　しかし学ぶということは単なる知識の吸収だけではない。まだ模範解答が見つかっていない問題に対して、できる限り正しい情報を集めて総合的に検討し、主体的に選択し、自分なりの説得力ある意見を持つようになることも、また学ぶことなのである。知識そのものよりも、それを適切に関連させて正しい判断に役立て、行動の力に変えていくことのほうが、むしろ生きていくうえでは大切なことだ。学校英語教育の場で背景文化が持つ文化変形規則（CTR）を教えることが、そうした批判的思考能力や行動力を生徒に身につけさせる上で極めて有効であることを明らかにするために、この章では学校英語教育の本質的な機能から考え直してみたい。

I. 学校英語教育の盲点

　21世紀を迎える日本のあるべき姿を提言した「21世紀日本の構想」懇談会による報告書には、内容の是非はともかく、英語について「社会人になるまでに日本人全員が実用英語を使いこなせるようにする」[1]という到達目標の設定や外国人教員の思い切った拡充、英語授業の外国語学校への委託など、抜本的な英語教育改革の方向が提言された。それを受けて2002年度に出された「英語が使える日本人」の育成のための戦略構想と行動計画は、高い目標の割には具体策に乏しく、大方の予想通り、5年間で体制を確立するとした目標年度を過ぎ、さらに5年以上経った今も、日暮れて道遠しという現状である。

　英語教師は、大切なことを見落としたまま、あるいは見ようとしないまま、いつも目先の変化だけでなにか素晴らしいことができると思ってきたのではないだろうか。学校英語教育が英語を使いこなす能力の育成を目標として掲げたのは、今に始まったことではない。戦前から幾度となく、それは建前として唱えられ、それに呼応してさまざまな教授法が提唱され、試みられはしたが、ほとんど成果を上げなかった。今にして思えば、あとに残るものが挫折感や劣等感でしかない実現不可能な夢を追ってばかりいたのである。

　今までの学校英語教育の中で、教師がいつも見落としていた、あるいは見ようとしなかったことを、次の3つにまとめてみよう。

1. 教え方を工夫しても、日本人「全員」に英語コミュニケーション能力をつけることは無理である。

(1) 不可能であることを認めようとしない。
　例えば、かなり以前からほとんどの日本人が6年間以上英語を学習してきているはずなのに、英語で簡単な道案内すら満足にできないことは周知の事実である。学習指導要領の目標は建前で、学校英語教育の本音の目標は入試に合格する学力をつけることであった。したがってクラス編成や授業内容も含めて、学習者を取り巻く環境はコミュニケーション能力の養成とは無縁の

---

1 「21世紀日本の構想」懇談会(2000)「日本のフロンティアは日本の中にある」p.20.

ものであり、英語教師自身もその例外ではなかった。英語教師ですら、教室の外では英語などほとんど使っていなかった。2008年に発表された高等学校学習指導要領改訂案で、英語の授業は英語で指導することが基本とされたことに慌てもしたが、2013年度から実施してみると、それでは文法説明など生徒がわからなくて落ちこぼれが出るという理由で、今まで通りの授業をしている教員も多い。

　ちなみに、2003年に策定された「英語が使える日本人」の育成のための行動計画では、おおむねすべての英語教員がTOEIC 730点程度以上の英語力を備えることを目標にすると明記した。ところが10年後の2013年に発表された状況調査[2]によると、そのTOEIC 730点レベルの英語力を持っている先生が、中学で27.7％しかおらず、高校でも52.3％でしかないことが判明した。他の人と比べて、英語教員が特に怠けているわけではない、要するに、英語のプロの使い手であるはずの英語教員がこのレベルの英語力で暮らしていけるほど、実際に日本では、英語を必要としないのである。こうした日本の言語状況を正直に認めないで、英語教育の中身や方法を変えさえすれば、日本人全員の英語コミュニケーション能力が飛躍的に向上すると考えるのは、あまりに現実離れした期待である。

　日本で普通の生活をしながら、日・英語2つのチャンネルをいつでも使えるようにしておくことが、どんなに特殊で大変なことか、英語教師ならよく知っているはずだ。例えば職場での雑談で、その時々の話題について日本人同士で話すことはよくあるが、それができるのは、その話題について日本語の新聞を読んだり、放送を聞いたりして、自分なりの考えが日本語で言えるようになっているからである。ところが職場に英語しかわからない外国人がいて、その人と英語で雑談するとなると、同じ作業をすべて英語でもしておかなければならなくなる。それでなければ、いくら英語教師でも、その話題特有の表現は出てこない。例えば「田中選手はすごいね。3年連続でゴールデングラブ賞をもらったね！」と言おうとしても、肝心の「3年連続」に当たる英語が出てこない。毎日英語の新聞を読み、英語の放送を聞き、英語で自然に考えられるようにしておかなければ、実際には"Well, uh..., what shall I say?"（＝えーと、何て言ったらいいんだろう）の連続で、楽しい雑談どこ

　2　文部科学省（2013）「平成24年度『国際共通語としての英語力向上のための5つの提言と具体的施策』に係わる状況調査の結果について」
〈http://www.mext.go.jp/a_menu/kokusai/gaikokugo/1332638.htm〉

ろではない。英語が好きで英語教師になり、職場に英語を母語とする人がいて、毎日英語を使ってはいても、どんな話題についても英語で気楽に雑談ができる教師はほんのわずかなのである。まして普通の日本人にそんなことができるはずがない。そのうえ、たとえ一時期苦労して覚えても、使わなければすぐに忘れてしまうのが外国語である。英語教師は大学時代に習ったであろう、第2、第3外国語を今どの程度覚えているだろうか。一般の人には英語がそれと同じなのだ。全員に英語によるコミュニケーション能力を身につけさせるなどということは不可能であると、なぜ正直に認めないのだろうか。

(2) 不必要であることを認めようとしない。
　一般の日本人にとって、入試問題が解けないという場面以外に、実際の生活で英語コミュニケーション能力がなくて不便を感じるという場面がどれくらいあるだろうか。英語の授業で習ったこと、例えば、知覚動詞のあとの原形不定詞は受け身になると"to"がつく、などという知識が、卒業後役に立ったという人はどれ位いるだろうか。入試でその類の知識を要求することで、不必要な知識を無理やり頭に詰め込む競争をさせ、生徒から学ぶことの本当の喜びを奪い取ってしまっているという実態について、教師は加害者意識を持ったことがあるだろうか。国民の全員が英語によるコミュニケーション能力を必要とする、などということは英語教師の身勝手な幻想である。逆に、万一日本人全員が本当に英語コミュニケーション能力を必要とするような世の中になったらどうだろう。私たちは本気でこの日本を、北海道から沖縄まで、日本語だけでコミュニケーションできるこの恵まれた日本を、英語が使えないと不便な国にしたいと思っているのだろうか。
　外国語ができる人は、機械翻訳と聞くと、その奇妙な訳文を笑いの対象として思い浮かべるだけだが、機械翻訳の技術は着々と進歩している。英語の苦手な大学生などは、長文の英語を手にすると、まず自動翻訳してだいたいの意味をつかんでから細部の意味を考えるという。英語を書くときも、言いたいことを主語や動詞のはっきりしたわかりやすい日本語で書きさえすれば、自動翻訳でかなりのレベルの英文が手に入ると言うが、それは事実である。少し前までは物珍しかった機械翻訳が、今では若者の間に定番の便利な道具として定着し始めていて、彼らが持っているスマートフォンにも、無料でインストールできる翻訳ソフトが普及し始めている。例えば、旅行会話用の音声翻訳アプリとして開発された"NariTra"[3]は、英語、中国語、韓国語に対応

し、音声で話すだけで、翻訳の結果が提示される。音声認識の精度が高く、話しかけた日本語を一度標準的な日本語に直したうえで翻訳してくれる優れものだ。

　機械翻訳は、まだ系統の異なる言語間では満足できるレベルではないが、やがて汎用音声同時通訳システムが実用化される可能性は高い。その時代になれば、英語教育で単なる機械的な翻訳練習を生徒全員に強制する理由はなくなってしまう。その時代の国際コミュニケーション能力とは、翻訳機や音声同時通訳システムをうまく扱える能力のことになるかもしれない。小型計算機を誰でも使えるようになった今、そろばんや暗算の達人が昔ほどうらやましくはないのと同じように、誰でも音声同時通訳システムが使えるようになれば、英語の達人もあこがれではなく、驚きの対象になってしまうかもしれないのである。

2.　今までの英語教育が育てた精神構造に気付いていない。
　日本の英語教育が育ててきた精神構造は、留学や海外旅行など、いわばお客さんの立場でいられるうちは、あまり問題にならない。しかし実際の生活や仕事で日本人が外国人と対等の立場で向かい合い、言語が衝突するようになると、初めてその欠陥がはっきり姿を現すのである。それは一口で言えば傾きと偏りに歪んだ精神構造である。

（1）　傾きの精神構造を育てたことに気付いていない。
　英語の授業は、とかく英語を母語とする人たちの真似をありがたくさせていただく時間になりがちである。CDから流れる彼らの発音は絶対に正しい。教科書に書かれた彼らの英文は絶対にうまい。そしてアメリカ人そっくりの発音だと言ってはほめ、アメリカ人が書いたような英語だと言っては感心する。アメリカ人は常に権威であり、模範である。それもたいていは金髪、白人、カッコいいアメリカ人である。英語の授業を受けるたびに、アメリカ人を仰ぎ見る傾いた精神構造が強固になる。アメリカ人と比べれば、日本人である自分など、取るに足らない並の人間なのである。
　20世紀まではそれでもよかった。実物のアメリカ人などめったにいなかっ

　3　NariTra〈https://play.google.com/store/apps/details?id=jp.narita_airport.android.naritra&hl=ja〉

たし、たまにいても、先生や牧師さんなど、仰ぎ見るに足る立派な人で、近づきがたい存在であった。ところが今や状況はすっかり様変わりした。地下鉄や近所のスーパーでも、特に立派でもなさそうな普通のアメリカ人の英語を耳にするようになった。アメリカに旅行してみれば、街角にたむろする不良青年のふざけ声も耳に入る。ところが彼らの英語がさっぱりわからない。6年以上も英語を学んだはずなのに、この、並の、どこにでもいるようなアメリカ人の英語がさっぱりわからず、話しかけられても、ぎこちない照れ笑いを浮かべるしかない自分は、なんと並以下の、劣った、愚かな人間なのだろうと感じてしまう。

　英語教師も例外ではなかった。20世紀までは、教室で英語をペラペラしゃべれるようなふりをするだけでアメリカ人のように仰ぎ見てもらえた。ところがそこに本物の"ALT"（＝Assistant Language Teacher：外国語指導助手）が登場した。大学を卒業したての、ただの若者なのに、彼らがしゃべる英語がわからなくて聞き返さなければならない。苦心して書いた英語もいたるところを直される。そのうえ生徒たちは残酷なほど正直に「先生の発音は全然違う」と笑う。小心な先生は立場を失って登校拒否でもしたい気分になる。図太い先生は、「しゃべれなくて英語教師が勤まらないなら、どうしてオレに免許状をよこしたんだ」と開き直る。いずれにしても胸の中の恥ずかしさと劣等感は同じである。

　ALTがうまい英語をしゃべるのは当たり前である。日本に来て日本語を学ぼうとしているなら、そのことが偉いのである。比べるならALTの日本語とわれらの英語なのだ、という対等の姿勢がない。国際コミュニケーションの場で何語を使うべきかについて深く考えたうえで、生徒と同じ日本人として生徒の側に立ち、アメリカ人と対等に向かい合って、「さあ、お互いの言葉を学び合おう」と呼びかける姿勢が持てない。英語教師自身の意識の中に、傾いたファン心理はあっても、対等な姿勢や言語における人権の感覚は育っていないのである。そして当然、日本語や日本文化を世界に知らせようとする態度とも無縁だった。

(2)　偏りの精神構造を育てたことに気付いていない。

　先進国の中で、こんなに英語だけを偏って教えている国は日本だけである。敗戦の後遺症としての排他的英語教育がいまだに続いていて、英語以外の外国語の重要性をまったくと言っていいほど無視している。その結果、若者の

意識の中で「国際社会」とは、まずどこよりも英語圏のことで、会話で使う「外人」とは、主に金髪で白人の英語母語話者のことになっている。

　ある短大の教育実習生の見回り指導に、白人ではないアメリカ人教師が出かけた。中学校の職員室の前で彼女が立っているのを見た英語の先生が職員室に入るなり、こう叫んだそうである。「おい、外に変な物売りがいるぞ。だれか追っ払ってこいよ」。

　「白人」でもなく、「英語」もしゃべらない「外国人」を見る日本人の目には、警戒や軽蔑の陰りがある。言葉や文化や歴史を何も知らないまま拒絶の姿勢をとって、理解しようともしない。しかし何かのきっかけでその人たちの言葉を学んで意思の疎通ができると、多くの場合、態度ががらりと変わる。まさに無知なるがゆえの人種的偏見である。自分だけではなかなか是正できない、そうした偏見を打ち破ることこそが義務教育の使命だとすれば、今の学校英語教育は結果的にまるで逆のことをしているのではないだろうか。

　学校外国語教育が目標とする「国際理解」の根底には、世界中のさまざまな民族、とりわけ弱く不利な立場にある人々とも、対等な存在として愛着と尊敬の念を持って向き合おうとする態度がなければならないのに、学校英語教育は教師にも生徒にも、英語圏の人たちへの傾きと偏りの精神構造しか育ててこなかった。そしてそれが続く限り、日本はこれからの国際社会の中で、コミュニケーションの上手下手などという問題より、人種的偏見のために、英語圏の人たちからも、非英語圏の人たちからも軽蔑されてしまうに違いない。つまり、英語圏の人たちについて言えば、彼らの一部分が残念ながら抱いているアジア人への偏見に卑屈に迎合し、それを助長してしまうということである。人種的偏見に対して毅然とした態度で異議を唱え、同時に非英語圏のどんな人種の人たちとも偏見なく対等な立場で協調する態度があってこそ、日本人は地球市民として名誉ある地位を占めることができる。自分自身の精神構造の中に欧米人への卑屈な傾きと偏りを秘めていて、どうしてそれが可能だろうか。

3. 次の世代の日本人に何を与えるべきかを考えようとしない。

　教師や生徒の本音の目標は入試である。現在の英語教育は入試のためにはうまく機能しているので、改善を考える際にも、現在の教科編成やその内容、あるいは入試制度などを前提にして考えてしまう。だからいつまで経っても

根本的な矛盾や欠点が解決されない。

(1) 教え子の可能性を二重に奪っていることに気付いていない。
　中・高の6年間、ほぼ全員の生徒に英語学習を強制することで、英語嫌いな生徒の劣等感を強化・定着させ、ひいては知的なもの全般に対する興味を失わせてしまう。英語の時間に何かほかの好きなことを学ばせれば、その分野での能力を育てることができるにちがいない。その一方で、帰国子女として英語圏から戻った小学校低学年の児童がどんなに英語をうまくしゃべれても、一定の学年になるまで英語を学ばせようとしない。待っている間に、子供はすっかり英語を忘れてしまう。せっかく持ち帰った英語での可能性を奪ってしまうのである。他の分野での可能性も、英語の分野での可能性も、二重に奪ってしまっているのが現在の英語教育である。

(2) 入試用の英語力しか育てられず、実際に発信できる英語力を育てることができない。
　日本は世界の平和と貿易の自由が不可欠な国である。そのために、英語を自由に駆使して世界各国との交渉に当たれるような一定数の人材が絶対に必要であり、その養成は国家の責務ともいえる。2007年に国際ビジネスコミュニケーション協会が400人の会社員を対象に行った「ビジネスパーソンの国際化に関する意識調査」[4] では、これからのグローバル社会において大事だと思うのは、発信型英語力（話す力、書く力）が65.8%で、受信型英語力（聞く力、読む力）の34.2%を大きく上回っている。ところが英語教育はそうした時代の要請にほとんど応えようとせず、相変わらず40名近くの大きなクラスで、能力別にもせず、全員を対象に、入試に照準を合わせた訳読偏重、つまり受信偏重の授業を繰り返している。そこにメスを入れない限り、事態の好転はいつまで経っても期待できそうもない。

(3) 学校教育全般を見直そうとする議論がない。
　英語教師の興味関心は、今まで英語教授法を中心に、せいぜい英語学や英文学にまでしか広がらなかった。中・高の英語教師の研究会などでは、毎日の授業をどうするかに話題が集中する。現在の形式や内容を前提として、そ

4　NIKKEI NET プレスリリース（2007年7月23日）

の中で何をするかに話はほぼ限定されてしまう。現状のすべてを批判的に考え直しながら、次の世代の若者たちに教育者としていったい何を与えるべきかという原点にまでさかのぼって議論をすることはほとんどない。

「毎日の授業で教えていることが本当に役に立つのだろうか」とか、「教室で40人近くの生徒を対象に、自分でも自信がない英語コミュニケーション能力を育てられるのか」とか、「英語以外の外国語も教える必要はないのか」、などという話題はタブーとされているからである。藪をつついて蛇が出たら、職さえ失いかねない。今まで通り、今までの知識で教えられることを繰り返しているのが一番楽である。役に立たないというのなら、他の教科でも同じではないか、で思考が停止する。

II. 言語教育の再構築

「21世紀日本の構想」懇談会による報告書で、中高の教育内容を精選して現在の5分の3に圧縮し、週3日を必修の教育にあて、残りの2日は自由に学びたいことを学ばせるという体制が提言された。あまりに大胆な改革と受け止められたのだろうか、その後この話は立ち消えになってしまったが、筆者はこの提言が出る10年近く前から、同様の趣旨の改革を提案している。[5]

		必 修		選 択				
	…	言語教育	総合的な学習	外国語集中コース	情報処理コース	芸術コース	スポーツコース	……コース
高校	…	日本語 世界の言語	… 国際理解 異文化理解					
中学								
小学校	…							

図6. カリキュラム改革の一例

---

5 松本青也 (1992)「日本における外国語教育の役割」『ことばと文学』吉村印刷.

違いはただ、外国語学習には毎日の学習が望ましいことから、筆者の案では、曜日で分けるのではなく、午前中を必修科目とし、午後を選択科目にあてることである。

具体的な方法については、小・中・高を一貫教育とし、例えば図6のように午前中の授業を全員対象の必修教科の学習にあて、午後はさまざまな選択コースを選んで学習するというような編成はできないものだろうか。言語教育については、これからの多言語、多文化共生社会で生きる日本人に、どのような言語を、どのような割合で、どのように教えるべきかという議論を十分重ねたうえで、全員を対象とした必修教科としての授業と、それと並行する無学年選択制による能力別外国語集中コースの新設が考えられる。

1. 必修科目としての言語教育

全員に与える言語教育の内容は、もちろん母語を中心としたものでなければならない。それが日本語であるなら、まず何よりも日本語を思考の道具として使いこなすことが目標にならなければならない。従来の「国語」の授業にはその視点が欠けていた。例えば日本語で論理的な文章が書けることを目標にした具体的な作文指導や、考えていることを口頭で正しく伝えるための話し方の指導などは今まであまり行われなかった。そうした母語指導を確保したうえで、人間の言語とその背景にある文化についてさらに幅広くさまざまな角度から考えさせ理解させるために、世界の言語事情に対応して英語を中心としたいろいろな外国語を日本語と比較対照しながら知的に学ばせたい。

例えば、まず私たちがお正月の挨拶としてなぜ「明けましておめでとう」と言うのかを生徒に考えさせる。そのあとで「言霊の幸ふ国」日本の伝統に触れながらその起源を説明し、さらにアメリカ、韓国、中国、エチオピアの人たちは同じ場面でどう言い、どう書くか、そしてそれは本来どんな意味なのかを一時間かけてゆっくり教えながら、さまざまな文化の違いを考えさせる。教師も勉強しなければならないが、こんな授業なら、英語そのものが好きになれない生徒も目を輝かせて参加できることだろう。全員に与える外国語教育は、母語を中心とする言語教育の一環として有機的に位置づけられるべきなのである。

2. 選択制英語集中コース

このコースは無学年制で、英語コミュニケーション能力の習得に強い意欲

を持つ者だけを対象に、小人数クラスで徹底して運用能力の養成を目指すものである。教室外のさまざまな状況を含めて日常生活でのいろいろな機能や場面に必要な英語表現を系統的にもれなく身につけさせて自信を持たせながら、英語による思考の世界を徐々に広げ、知的好奇心をかき立てるような英語情報を豊富に与え、最終的にはどんな話題についても英語で話したり書いたりしようとする意欲を持たせることが目標である。

20世紀の英語教育がコミュニケーション能力を育てられなかった最大の原因は、その内容が読んだり聞いたりするINPUTに偏っていたためである。コミュニケーション能力をつけるためには、INPUTしたもののうち、心が動いた内容を、ひとかたまりの英語表現としてその場で覚えてしまい、その日のうちに実在する人を相手にOUTPUTしてみることである。それが本物の英語コミュニケーション能力を身につける最も効率的な方法である。

しかしそれは、20世紀ではまさに絵に描いた餅であった。気楽に毎日英語で話したり書いたりする相手もいなかった。そんな環境を手に入れるには、多額のお金を使って留学するとか、毎日英会話学校に通ったりしなければならなかった。ところが、21世紀に入ってインターネットなどのICT (Information and Communication Technology) が発達して普及したために、ネットにつながってさえいれば、まったく無料で、好きなときに、海外にいる人の顔を見ながら英語で会話を楽しんだり、メールのやり取りをすることができるようになった。これは実に画期的な変化である。筆者のゼミの学生の中にも、ICTを活用した英語学習について書かれた本[6]や電子書籍[7]の情報をもとに、毎日本物の英語コミュニケーションを楽しんでいるだけで、TOEICで900点以上を取得する学生が何人もでてくるようになった。

ただし、決してICTを使いさえすれば英語コミュニケーション能力が身につくというわけではない。ただICTを使って遊んでいるだけでは、時間のわりに成果は期待できない。何としてでも英語をものにしようという強い意志と、幅広い知的好奇心がなければ、成果は期待できない。それがこのコースを選択制にする理由である。

この午後の集中コースでは、英語以外にも、韓国・朝鮮語、中国語、アラ

---

6 例えば、松本青也、編著 (2009)『ネットで楽しく英語コミュニケーション』大修館書店.

7 例えば、松本青也 (2014)『英語は楽しく使うもの〈2014完全版〉——インターネットが可能にした最新英語習得法』(電子書籍) 朝日出版社.

ビア語、フランス語、ロシア語などの外国語コースをそろえ、それと並行して、情報処理、音楽、スポーツ、陶芸など、生徒の適性・興味に応える多様な集中コースを設定し、地域社会にも解放すれば、生涯教育の一環としても機能するものになる。

III. 「異質なものに触れさせる」学校英語教育

　それでは、理想はともかく、現状のような枠組みの中で全員を対象に行われる学校外国語教育の目標とはいったい何だろうか。目の前の40人近くの生徒の中には、将来ニューヨークで英語を駆使して活躍する商社員の卵もいれば、世界各地の若者が日本語を勉強したうえで門を叩きにくるような陶芸家の卵がいるかもしれない。将来英語を駆使する者もいれば、まったく使わない者もいる。英語好きな生徒もいれば英語嫌いな生徒もいる。彼らのすべてに意味のあることで、しかも彼らが社会の一線で活躍するころに機械翻訳システムがどれほど発達していようとも、価値を失うことのない学校外国語教育の機能とはいったい何だろうか。

　それは一口に言って「異質なものに触れさせる」ことである。現在主要国首脳会議（G8）のメンバーとなっている国の中で、日本だけが異質な国、特殊な国であるとよく指摘される。確かに、人種、言語、宗教、地理的位置などにおいて、日本以外の先進国はすべてかなりの共通点を持っているが、日本だけは異質で特殊な国なのである。モンゴロイドは日本の首相だけで、言語も日本人以外はすべてインド・ヨーロッパ語族の、いわば親類の言語をしゃべっている。宗教も日本以外の国はキリスト教の影響を強く受け、地球儀で見ると日本だけが他の国から離れたところに孤立している。しかもその日本人は、国内ではほぼ同一の言語、民族、文化しか経験できない。この、同質なものばかりに囲まれた日本人が、グローバル化がますます進展する21世紀に、いかにうまく異質なものに溶け込み、異質なものを取り込んでいけるかが、これからの日本の命運を握る鍵であると言っても過言ではない。その意味で、異質なものに触れさせる外国語教育は、これからの学校教育の大きな柱にならなければならない。なぜなら外国語は、それ自身が異質であるという点で、他のどんな教科よりも異質さを実感させることができるからである。

　教育の原則を定めた教育基本法では、教育の目的として、第1条で「人格

の完成」を目指すものとしている。人格とは人間としての品格であるが、外国語教育の目的も、まさに本能的に異質なものを嫌い、避けようとする動物のレベルから、そうした本能を知性や理性でコントロールできるだけの品格ある人間のレベルまで高めるものでありたい。異質な言語を知れば、思考と言語の幅を広くすることができる。そして異質な言語を実際に使ってみることで、それを母語とする人々に対する共感的理解が可能になり、外面的な異質性の内面にある、人間としての同質性を発見し、異質な人々への寛容な態度と信頼が生まれる。さらに異質な言語とその背景の文化を学ぶことで、自分を客観視することができ、自分の言語や文化をより良いものにすることができる。そうしたすべての機能を果たすことこそが、人格の完成を目的とした学校外国語教育の最も大切な役割なのである。

ところが今まで日本で行われてきた学校外国語教育は、異質なものとして外国語に触れさせたのではなく、外国語を日本語と同質なものに変えてしまってきた。英語に限らず、日本は外国語や外国文化を常に同質化して吸収してきた。漢文化でもそうである。人の交流がなく、国内で普及させたのが日本人であったために、文章も日本人にわかりやすいように「漢文」として日本語の音や語順で読めるように同質化してしまった。

それでは、日本における外国語教育のそうした実情と、そのあるべき姿を、英語を例にしながら、音声、発想、価値観の3つのレベルで具体的に考えてみよう。

1. 音声

現在市販されている中学生用の英和辞典では、筆者が書店で調べた限り、すべてに発音のカタカナ表記がついている。例えばある辞書では"little"が「リとる」、"ragged"が「ラあゲッド」と表記してある。そして何と最近では、中学校の英語検定教科書にも、カタカナ表記を発音記号と併用しているものが登場した。表記法に苦心の跡が見られるが、もともと異質な音を日本語の音で表そうというのは不可能なことである。それがわかっていながら、どの辞書にもカタカナ表記がついているのは、日本の英語教育が異質なものにそのまま触れさせることの重要性をなおざりにしている証拠である。

例えば、日本人は [v] と [b] が区別しにくいこと。そのために日本人の言う"Thank you very much."が、英語を母語とする人の耳には「イチゴ・たくさん・ありがとう」と聞こえてしまうこと。逆に彼らは「おじさん」と「お

じいさん」が区別しにくく、「コニャック」と「婚約」と「こんにゃく」の区別となると、もうお手上げになり、古都、孤島、コート、高等の発音が、2音節でまったく同じになってしまうこと。そしてそれはなぜかということを、実際に彼らの発音を聞かせ、自分の発音と比較させながら考えさせたい。耳から入る音声の異質さに触れ、同じ人間の発声器官から、なぜかくも違った音声が出てくるかを理解させ、実感させ、身近なものとして親しませる一方で、母語の音声を客観視して理解させるという学校外国語教育本来の役割は、異質さを奪われて形骸化した疑似外国語では決して果たすことができない。

　文単位でも、英語という音声の持つさまざまな特徴のおよそすべてを日本の学校英語教育は無視してきたと言っていい。文中にある単語のどの音節を強く発音するかは前後関係で変わることがある、などということもほとんど教えてこなかった。お経のようなリズムで、ただ大きな声を出すことだけが求められるコーラス・リーディングを聞けば、ストレスやリズムについて日本語との大きな違いを系統的に教えられていないことがよくわかる。イントネーションについても、日本語と同じように平叙文は文末で下がり、疑問文は上がるとだけ教え、音調の変わる位置の違いなどについてはまったく教えなかったし、教師自身ですら知らない者が多い。まず教員養成課程で教える音声学から内容を点検しなければならないほど、この問題の根は深い。

　入門期から異質な音にそのまま何度も触れさせることは、音声面での最終到達度を高くするためにも必要なことである。たまに聞く英語ではわかるはずがないし、強い日本語訛りのせいで何を言っているかが相手にわからなければ、コミュニケーションは成立しないからだ。

2. 発想

　同じ人間が考えることなのに、言葉という道具の枠組みが違うと、細部ではずいぶん違ってしまうことを実感させて理解させるのも外国語教育の大切な機能である。母語の枠組みでは置き換えられない外国語に遭遇することで、母語の限界と言語の相対性を認識できる。ところが英語の授業で行われていることは圧倒的に和訳の作業である。"it"を「それ」、"come"を「来る」と機械的に置き換える。「腰」＝"waist"、「唇」＝"lip"と教えるだけで、実際には日・英語が表すものに大きな違いがあることには触れようとしない。あるいは、訳として「彼は彼のカバンの中に1冊の辞書を持っています」というような日本語が生徒の口から続出しても、それがなぜ不自然な日本語なのか

を考えさせようとはしない。あるいは ALT がふと「母は古くなりました」とか「庭の木は死にました」などと言っても、それを取り上げて、なぜ変なのかを考えさせることもない。"This medicine will cure you of your disease." を、まず「この薬はあなたの病気を治すでしょう」と訳し、「つまり、この薬を飲めば病気が治ります、ということだな」で済ませてしまい、発想の違いを考えさせようとしない。英語を不自然な日本語に置き換え、たまに日本語を不自然な英語に置き換えるだけで授業は進んでいくのである。せっかく異質なものに遭遇しているのに、その異質さへの知的な驚きも好奇心も、すぐに和訳することで芽を摘まれてしまう。

　さらに文化的な背景による発想の違いについてもほとんど触れることがなかった。大学生になっても、例えば、"What day is it today?" の答えとして、なぜ "It's March 22." では変なのかを知っている者は少ない。"It's Thursday." というような答えを最初に教えるときに、アメリカの大統領選挙が、11月の「第1月曜日の次の火曜日」と決められていることなどと併せて理由を説明するようなこともなかった。

　すぐに訳させて終わってしまうので、異質な発想に触れて言葉と思考の幅を大きく広げるせっかくの機会を逃してしまう。それだけでなく、常に日本語に置き換えるくせをつけてしまうので、いつまでたっても自然な言語運用能力が育たないのである。

3. 価値観

　文化摩擦と呼ばれる現象の多くは、互いの文化特有のものの見方、考え方を理解していない場合に起こるものであるが、今までの英語教育はそうした違いをほとんど無視してきた。例えば、入門期で学ぶ "Mr." は当たり前のように「さん」とか「先生」に置き換えて教えてきた。しかしアメリカでは、電話で自分のことを "Hello. This is Mr. Brown speaking." などとよく言う。自分を相手と対等と考えるアメリカ文化の中では、日本人が自分のことを「私は松本さんです」と言ったときのような鼻持ちならない響きはない。逆にアメリカ人に言わせれば、相手をファースト・ネームで呼ぶような雰囲気なら、もちろん自分もファースト・ネームで名乗るが、少しあらたまった気持ちで相手のことを「さんづけ」で呼んでいるのなら、自分のことも同じように少しあらたまった気持ちで「私は松本さんです」と言ってどうしていけないのか、となる。"Mr." は "formal" な感じを出すためであって、「あなたが上で

自分は下」という響きはない。あくまでも対等で、へりくだりとは無縁である。

　例えば初対面のときにアメリカ人がよく口にする"I'm glad to meet you."という表現と、日本人が言う「よろしくお願いします」という表現だけで相手を判断すると、前者は人なつっこく楽観的な人で、後者は謙虚で臆病な人のように思えるかもしれない。しかしその違いは本質的なものではなく、ただ文化が発話の際に与える文化変形規則（CTR）の違いにすぎない。それをわきまえていないと相手の本質を見誤ることになる。同じ人間として、考えることが根底では同じでも、それがある特定な状況で言葉や行動として表面に出る際に、その文化特有のCTRの適用を受け、ずいぶん違うものになってしまうという過程をよく理解する必要がある。

　それぞれの言語の背景にあるそうしたCTRの違いを体系的にとらえて理解させ、人間の価値観の多様性を実感させることも学校外国語教育の大切な機能でなければならない。しかし残念ながら今までの英語教育は、この価値観の違いにはまったくと言っていいほど注意を払わなかった。音声や発想の違いに触れる教師でも、価値観は同じものとしてほとんど無視してきた。別れ際に言う"Take it easy."を、「気楽にね」と訳すだけだった。逆に日本人が意味もなく別れ際に言う「頑張ってね」を"Work hard."などと訳して平気だった。ごくまれに言語表現の背後にある価値観の違いに触れることがあっても、それは断片的に、単なる雑談として扱われるだけであった。1989年の教育職員免許法改正によって初めて「比較文化」の2単位が教科に関する科目の最低修得単位に加えられたことからもわかるように、それまでは教師自身がそうした視点や知識をあまり持っていなかったとも言える。異質な価値観に触れさせることは、国際理解のためにも、文化摩擦の解消のためにも、異質な考え方に対する寛容な態度を育てるためにも役立つ。また一方でそれは思考の幅を広げることで批判的思考能力を高め、自文化をよりよいものにするための具体的な行動にもつながる、極めて教育的な作業なのである。

　音声、発想、価値のレベルで異質さに触れさせる授業を展開し、正しい発音を身につけさせ、訳をしないで直接英語で考える習慣を育て、異なる価値観を理解して円滑なコミュニケーションができるようにする教育は、それ自体に意味があるばかりか、実践的なコミュニケーション能力の基盤にもなるものである。

さらにコミュニケーション能力の習得に意欲を持つ学習者を、インターネットを介して地球市民同士が情報や経験を発信し合い、協働して社会の問題に目を向けるような国際協働プロジェクトに参加させることも考えられる。例えば、100以上の国の3万以上の教育機関が参加しているiEARN[8]など、グループ単位での交流を推進するNPOの活動に参加させることで、地球市民として社会の問題に積極的にかかわろうとする感覚を育てることも可能になる。ここではコミュニケーション能力がまさに行動のための技能として生かされてくるのである。

　学校での英語教育は、英語を使って仕事ができるようにすることだけが目的ではなく、ましてや入試に合格させることだけが目的ではない。すべての学習者達が異質な言語に触れることで、言語と思考の幅を豊かに広げ、母語の素晴らしさに気付き、あらゆる人たちの言語権を等しく尊重する態度を培うという大切な使命を担っている。そのうえでコミュニケーション能力の育成を求める学習者たちに、ICT活用による国際協働プロジェクトを導入して活発なコミュニケーション活動を展開できれば、自然な形でコミュニケーション能力を育成できるばかりか、批判的思考能力や問題解決能力を育てながら、地球市民としての連帯感を基盤とした国際理解を深めることも可能になる。そして英語教師は、人格の完成をめざす学校教育の中で、英語教育の最終目的が、英語そのものを超えて、人類が直面するさまざまな課題を解決できる地球市民の育成にあることを主張できるようになるのである。強大な権力への劣等感を秘めた迎合主義に陥ることなく、他言語、他民族への敵意を秘めたナショナリズムに逃避することもなく、異なる者への温かい眼差しと、困難な「共生」への揺るぎない決意を持った地球市民を育てること、それこそが、日本人として世界に誇ることができる英語教育ではないだろうか。

8　iEARN 〈http://www.iearn.org/〉

第 13 章

研究対象としての CTR

　ある国家、ある文化に属する人たちがどんな価値観を持っているかは、正確にとらえようとすればするほどつかみどころのないものに思えてくる。例えばアメリカ文化の特色、と一口に言っても、アメリカはサラダ・ボウルにたとえられるほど多種多様な民族がそれぞれの独自性を保ちながら住んでいる国である。違いに注目すれば、よくもまあこんなに違っているのに一緒に住めるものだとため息が出るほどの多様性がある。当人たちを面接調査する日本の研究者が「民族の違う隣の人とあなたを考えてみて、アメリカ人として共通した特徴は何だと思うか」と聞いても、おそらく「お互い隣の人とは全然似てないってことさ」などという答えが返ってくることだろう。実際普通のアメリカ人がじかに接触できる人は、自分の行動範囲内のごく少数の人であり、その人たちの違いはいろいろ実感できても、アメリカ人として共通した特徴となると、ありふれたステレオタイプ以外すぐには思い浮かばず、まじめに答えようとして考えれば考えるほど、さまざまな問題が浮かび上がってくる。
　ここでは CTR を研究対象とした場合に直面する困難点と、それを踏まえた研究のための条件を挙げたあと、CTR を研究することの意義を考えてみたい。

〈CTR 研究の困難点〉[1]

1. 客観性
　文化論の最大の課題は、客観性の確保である。日本文化や北米文化について書かれたものにも、著者の体験に基づいた主観的なイデオロギーの表明に

すぎないものが多い。客観的なデータの裏付けがないまま、古くからの通念や先入観などに影響された著者の固定観念に当てはまるエピソードだけを選択して列挙することで、自説に説得力を持たせようとしている。

　文化論に客観性を持たせるには、実証的な研究によるデータが不可欠だが、それにも多くの課題がある。例えば、リッカート尺度で何を基準に判断するかも、結局は回答者の主観にすぎない場合が多い。また、いつも自分が無意識に適用している価値観や規範を意識的に把握することがそもそも困難な場合もあれば、意識調査の質問項目の趣旨が回答者に正しく伝わらず、的外れな反応をする場合もある。そのため、同じ内容について同じような集団に尋ねているのに、調査結果がかなり違うこともある。

　さらに集団の主流となる価値観が、必ずしもそれを反映した社会現象を伴っているとは限らない。例えばある国際調査では、「安全な環境に住むこと、危険なことはすべて避けること」が、自分が大切だと考えていることに「非常によく当てはまる」と「当てはまる」を選んだ人の割合が、合計で日本人の18.9%に対してアメリカ人は47.4%であった。[2] 両国の犯罪率から判断すれば、この割合は逆のはずである。ちなみに、OECDが行った国際犯罪被害者調査（2005年）[3]によれば、犯罪被害者数の対人口比は、日本の9.9%に対して、米国は17.5%である。この場合は、そうした社会状況が、いわば反面教師として安全の大切さを痛感させているのかもしれないし、銃規制に反対するような別の価値観が、安全志向の価値観とは矛盾する社会状況を生み出しているのかもしれない。

　いずれにしても、客観性を確保するためには、やはり実証的な研究によるデータの積み重ねが最も大切である。言語を使用した意識調査や設定した状況での無意識な反応の検証に加えて、日常生活の自然な言葉や振る舞いを客観的に分析するなど、主張の根拠となる客観的なデータをより正確に積み上げて処理する方法の開発と改善が常に求められている。

1　松本青也（2010）「大学授業科目としての北米文化論」『言語文化』（vol. 18. pp. 60–69）より部分的引用。

2　電通総研、日本リサーチセンター編（2008）『世界主要国価値観データブック』同友館．p. 131.

3　OECD（2009）OECD Factbook 2009: Victimisation Rates. 〈http://www.oecd-ilibrary.org/economics/oecd-factbook-2009/victimisation-rates_factbook-2009-graph174-en〉

2. ステレオタイプ

　CTR という概念を導入する際に、最も注意すべきことは、ステレオタイプを生まないようにすることである。まず、「この文化の構成員は全員必ず」というとらえ方をしてはならない。自然科学と違って、人間を対象とする人文科学では、100％などということはありえないことであり、単にその集団での傾向を表すというほどのことでしかない。とりわけアメリカの文化的アイデンティティーや価値観の多様性については、国家形成の過程も含めて十分に理解しておく必要がある。自文化について言われたり書かれたりしていることなら、自分の体験から批判的に異論を唱えることもできるが、自文化から離れれば離れるほど、情報が希薄になり、異文化集団の複雑な多様性を単純化して、言われたことや書かれたことをそのまま鵜呑みにしてしまう危険性がある。

　次に、文化の違いを比較対照することで、極端な二項対立的思考をもたらしかねないことである。異なる点が目に付きやすいために、そればかりに注意を向けがちであるが、同じ地球上に住む同じ人間として、同じ CTR のほうが圧倒的に多い。異なる場合でも、第 9 章の図 4 に示した特質が日米で極端に対照的なわけではなく、そのスペクトラムの中央部で若干どちらにより振れているかという程度の違いにすぎない。図でイコライザーのようにツマミを表現したのも、両極端の間のどのあたりにあるかという感覚を示すためである。

3. 流動性

　モンゴロイドに特有なある型の酵素は日本人の 1 割弱が体内に持っており、その人たちはアルコールを飲むことができないなど、人種に特有な遺伝的体質とアルコールの関係はよく知られるようになったが、同様に人種と知性や性格などの関連も DNA 情報と結びつけて、まことしやかに語られることがよくある。米国のあるノーベル賞学者さえ、黒人は知性が劣っていると発言して厳しく非難された。[4] 当人はすぐに科学的な根拠がまったくないと謝罪したが、特徴的な行動の原因がその人が生まれつき持っている遺伝的な性格や能力、あるいは人種的な資質であるという見方には根強いものがある。その真偽のほどは、ヒトゲノムの解読がさらに進展するまで待たなければならな

4　朝日新聞（2007 年 10 月 20 日）

いが、仮にそうだとすれば、人種や民族の文化的特質は長い時間を経ても変わらないはずである。ところが、例えば敗戦を境に日本人の価値観は急速に大きな変容を遂げた。このことからもわかるように、価値観に影響を与える要因としては、ジーン（gene）に組み込まれた人種的な差異はわずかで、そのうえに、言語や習慣など、模倣によって文化情報を伝えるミーム（meme）と呼ばれるようなものがあり、さらにそのうえにある社会状況などが圧倒的に強い影響力を持っているという、多重的な構造として捉えるべきではないだろうか。

つまり、CTRのシステムを形成するのは、主に家庭での子どもの育て方や、学校、職場、マス・メディアといった、その時々に直接的な影響を与える環境要因である。それが集団の中である程度共通しているために、その影響を受けた人たちもある程度共通した価値観を持つようになり、その集団の共有する文化的特質となっていく。そのために、家庭での育て方や学校の方針が変わったり、職場のシステムが変わったり、マス・メディアが新しい考え方を伝えたりすると、集団の価値観も簡単に影響されてしまうのである。

グローバル化や情報化が急速に進展し続けている現代では、あらゆる分野でめまぐるしい変化が起きている。文化論は、そうした状況に対応して、流動する変化の様相をあるがままに伝え、変化が果たして望ましいものなのかも含めて、守るべきものと、変えるべきものについて考えさせるものでなければならない。

4. 言語

言語については、異文化集団の言葉がうまく使えないと、いろいろな誤解を引き起こすことがある。例えば、アメリカ人は単刀直入で、大雑把で繊細なニュアンスがわからないというような偏見を見聞きすることがあるが、それは単に自分の英語能力が不足しているので、相手が簡単な英語で要点だけをずばりと伝えようとしたための印象にすぎない。

また、国際調査では翻訳が大きな課題となってくる。例えば他の章でも引用した調査で、英語版[5]の質問では次のような項目がある。

5　World Values Survey (n. d.) Integrated Questionnaire. p. 215. 〈http://www.worldvaluessurvey.org/〉

People have different ideas about following instructions at work. Some say that one should follow one's superior's instructions even when one does not fully agree with them. Others say that one should follow one's superior's instructions only when one is convinced that they are right. With which of these two opinions do you agree?

　この質問の日本語版[6]は、「仕事上の指示の従い方にはいろいろな考え方があり、人さまざまです。たとえ指示に完全には同意できなくても、原則として上司の指示には従うべきだ、という人もいれば、指示が正しいと確信できない限り、上司の指示に従う必要はない、という人もいます。あなたは、この2つの意見のどちらに賛成ですか」となっている。

　これについて"Follow instructions."（日本語版では「上司の指示には、原則として従うべきだ（に賛成）」）と答えたものが、アメリカ人の64.1%に対して日本人が28.0%であった。この数値だけ見ると、アメリカ人は日本人よりずいぶん上司に従順なようだが、日英の質問文が与えるニュアンスの違いも考慮に入れなければならない。例えば、"instruction"を"order"に変えただけで、数字はかなり違っただろう。"instruction"には、何かをするときの「方法に関する情報」とか「教え、知識」といったニュアンスも含まれるので受け入れやすいが、日本語の「指示」には、文字通り指で示しながら「言いつけてさせる」、「指図する」という「命令」の感じも含まれる。ほかにも"superior"と「上司」もニュアンスが少し違うし、英語版にはない日本語版の「原則として」が強く響いたのかも知れない。そのためか、"Must be convinced first."（日本語版では「上司の指示には確信できない限り従う必要はない（に賛成）」）を選んだ人もアメリカ人の20.5%に対して日本人が9.2%と少なく、"Depends."（日本語版では「場合による」）を選んだ人はアメリカ人の14.4%に対して日本人は50.8%に上った。そんなに強くはっきりと白黒が付けられないという気持ちの表れだろう。

　6　電通総研、日本リサーチセンター編（2004）『世界60ヵ国価値観データブック』同友館．p. 248.

〈CTR研究のための5つの条件〉

　こうした困難を抱えながら、集団の文化特有の変形規則であるCTRの研究を今後さらに深めるために必要な5つの条件を検討してみよう。まず、自然科学の分野にあるような正確さや普遍性、一貫性などを求めてはいけないということである。例外のない規則や異論のない論理を求めるなら「日本文化論」も「アメリカ文化論」も成立しない。導体が磁場を横切れば必ず導体に電流が流れるが、ある日本人がある状況におかれたとき、どんな言葉や態度が出てくるかを断定することはできない。必ず起こる物理変化や化学反応と違って、人間の反応は、さまざまな資料や統計的な事実に基づいて推測することしかできない。だからといって文化を扱う社会科学が科学として成立しないわけでも遅れているわけでもない。研究対象となる人間の思考や社会のシステムが極めて複雑なので、自然科学とはまったく違うアプローチが求められ、研究結果も自然科学のそれとはかなり異質なものになるのである。自然科学の明確さとは、程度ではなく、質が違うのである。

　次に客観性について言えば、ある人の文化についての判断は、それが自文化であれ異文化であれ、主観的なものにすぎないので、対象文化を正確に把握するためには多数の観察者のさまざまな立場からの多様な主観的見解を総合して解釈することが必要になってくる。そしてその際には、情報の正確な分析が不可欠である。例えば面接調査をする場合には、年齢、性別、職業、居住地から性格、信仰、面接者との関係や面接時の状態にいたるまで、サンプルを詳しく特定できればできるほど提供される情報をより正確に解釈できる。

　3つ目は文化自体を複層的なものとしてとらえると同時に、常に変化するものとして扱う姿勢である。CTRが多数文化のものであるなら、その層と少数文化の層はどう違うのか、あるいはそれが表面の見えやすい層のものなら、見えにくい層とはどう違うのか、などを認識していなければならない。場合によっては少数文化のCTRが最も見えやすいものとして、その文化全体のCTRの設定に影響を与えることもある。

　Hofstede (1980) は「攻撃性」を例にとって次のような場合を示している。[7]ある2つの社会について、攻撃性の強さをX、特定の強さに入るデータの人

7　Hofstede, G. (1980) *Culture's Consequences: International Differences in Work-Related Values*. Sage Publications. p. 31.

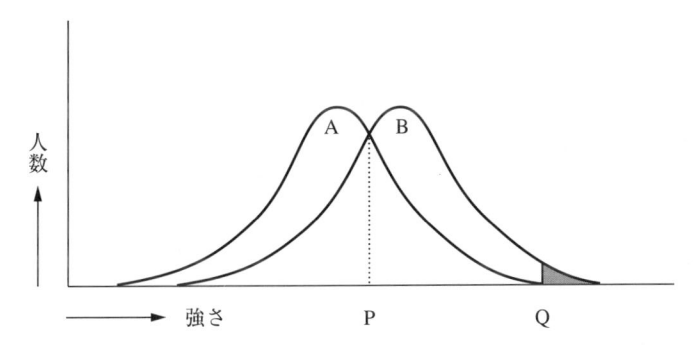

図7. 攻撃性による人口分布（Hofstede, p. 31 より。加筆変更あり）

数を Y としてグラフを描くと、例えば図6のようなグラフが描かれる。相対的に見れば、A は攻撃性の弱い社会であり、B は強い社会である。2つの社会の平均値 P を越えた人数の割合を、A では、35％、B では70％と仮定すると、攻撃性の強い人が、社会 B では社会 A の2倍いると言える。さて、攻撃性の強さがこれ以上になると犯罪につながりやすいという点を Q とし、網かけの部分だけを考えると、例えば社会 A では 0.1％ の人が、社会 B では2％の人がその範囲に属することになり、社会 B では犯罪が社会 A の20倍起こる可能性があることになる。あるいはこのグループに属する人同士が出会ったときに犯罪組織が生まれると考えると、その可能性は20倍の2乗、つまり400倍にもなる、と彼は指摘する。

このように、社会全体から見ればごくわずかな少数文化の特徴が現象として極めて目立つために、多数文化の CTR を見えにくくしたり、違った印象を与えたりして、結果的にその社会全体の CTR の理解を妨げることもある。貧富の差が日本よりも大きなアメリカでは、貧富の両極端の層の部分でもこのような現象が起こり、まるでアメリカ全土が危険な犯罪地帯になっている一方で、桁違いに豊かな生活をしている人も大勢いるような印象を与えてしまいがちである。ある社会に混在する、こうした複層的な CTR の構造をあるがままに認識するとともに、それぞれの層の CTR の経年変化にはどんな傾向が見られ、今後どんな方向に向かおうとしているか、というような視点も忘れてはならない。

4番目は、CTR を把握するための最も適切な調査方法の開発と改善を心がけることである。方法としては表3のように、言語と言語以外によるものに

表 3. CTR の調査方法

	言　語	非言語
接　触	I	II
傍　観	III	IV

大別され、さらに各々を、調査者が参加する場合と傍観者として情報を集める場合とに分けることができる。

　Iとしては、研究対象者の意識や価値観を直接聞き出すアンケート調査や面接調査などがあり、IIでは作為的に状況を設定したうえでの実験などがあるが、この2つはどちらも調査者が直接研究対象者に働きかけてCTRの反応を引き出す。一方、IIIはマス・メディアをはじめ、さまざまな経路で入ってくる膨大な言語情報の分析などがあり、IVでは、自然な状況での表情や行動の観察などで、この2つは調査者が研究対象者に直接働きかけず、傍観者の立場をとる。

　この4つの方法はいずれも相互補完的ではあるが、調べようとするCTRの内容によって、このうちのどの方法に重点を置くかを決めなければならない。極端な場合、ある民族のCTRの特質が先史時代からのもので遺伝子自体に組み込まれたものであるという仮説をたてれば、IVの分野の研究にはヒト遺伝子の解析という壮大なプロジェクトが必要になってくる。実際最近では遺伝子の研究も進んで、例えば日本人にはアメリカ人と比べて不安を感じやすい遺伝子の型の持ち主が多いという報告もある。これが今後実証されれば、『悲観志向』のCTRが生まれつきということにもなる。

　最後に必要な条件として、文化比較調査における翻訳の正確さがあげられる。そのためには別の翻訳者に訳文から原文の言語に「逆翻訳」させ、原文との違いがあれば訳文に修正を加える方法がある。あるいは複数の二言語使用者の翻訳を照合する方法もある。もっとも、例えば「吾輩は猫である」という作品名のニュアンスは、どのように翻訳しても英語ではそのまま伝えられない。そこで場合によっては、前後関係や状況、語句の定義などを説明的に追加するなど、さまざまな工夫が必要となる。いずれにしても前に挙げた例に見られるように、調査の趣旨や内容について詳しく知らない翻訳者に任せるだけでは正確な翻訳は期待できず、したがってデータも無意味なものになってしまう。

〈CTR 研究の意義〉

　以上のような視点に留意しながら対象文化の主流にある CTR を浮き彫りにして、自文化の CTR と比較対照することの意義を考えてみよう。まず、発想や思考の幅を広げるということである。日本文化の中に生まれ、日本文化しか知らないと、日本文化の CTR が無意識に身について、それに従って行動することが当たり前で正しいことだと思い込みがちである。ほめられても否定し、会議では反論せず、目上の人に贈り物をし、頑張ろうと声をかけ合う生き方しか思いつかない。しかしそうした行動がすべて日本文化の CTR の産物であり、違う文化にはまた別の CTR とそれに従った行動があるのだと知ると、発想や思考の幅が広がり、違う行動や生き方も視野の中に入って選択できるようになる。一度限りの人生を自由に、豊かに、自分らしく生きる可能性が生まれてくる。

　次に、異文化と自文化の CTR を知ることが国際コミュニケーションを円滑に進め、異文化相互理解を深めるのに役立つことは言うまでもない。国際社会の中で日本の果たす役割が大きくなるにつれて、日本文化が「特殊」であるとか「異質」であるといった表現が頻繁に聞かれるようになってきたが、そうした抽象論で片付けられてしまわないように、われわれ自身の側で具体的に日本の CTR の何がどう「特殊」で「異質」であり、そのうちのどの CTR が誤解されがちで、どの CTR が理解されるかをはっきりさせる必要がある。相手の CTR を正しく理解しようと努力することはもちろん必要だが、それと同時に、自分が大切にしたい日本の CTR のうちで、誤解されがちなものを対等な立場で明確に発信しようとする姿勢が、今後国際社会でますます求められるのではないだろうか。

　さらに、各人が異質な CTR を知ったうえで日本の CTR を批判的に考え直すことによって、逆に日本文化の CTR を変えていく可能性が生まれてくる。例えば日本を先の戦争に駆り立てた CTR は、いったいどんなものであったのだろうか。権威を恐れてへりくだり、声高に主張する者に合わせて、皆と一緒にひたすら頑張るだけで、戦争への流れを変えようとせず、流れに任せていた当時の多くの日本人が持っていた CTR。それがまだほとんど変えられないで今日まで根強く残っているとするなら、それを客観的に検証し、よりよい姿に変えていくことはわれわれの仕事なのである。国際的な交流がほとんどなかった昔ならいざ知らず、今日のように交流が盛んな時代では、もは

やお互いのCTRを認め合いましょうという文化相対主義の綺麗事だけで終わることはできない。不自然で不合理なCTRは国際的に非難される時代である。宇宙船地球号に乗り組んだ日本人船員として、世界に通用するどんなCTRを持つべきかという視点で日本のCTRを見直す作業が求められている。

　そして最後に、人間の思考や行動をCTRに影響されたものとしてとらえることが、国の内外を問わず、相互の信頼を増し、それがひいては世界平和にもつながることに触れておきたい。そういう姿勢がないと、例えばアメリカ人は日本人の目に、生意気で、けんかごしで、傲慢な利己主義者に映ってしまうかもしれないし、逆に日本人はアメリカ人から見れば、ごまかしてばかりで、意気地がなく、ずるくて無責任な人間に思えてしまうかもしれない。つまり、CTRの働きを知れば、文化の異なる人間の思考や行動が違うのは、異なるCTRに影響されているだけで、表面的な違いの内側に、信頼するに足る「まったく同じ人間」が存在するのだということをつくづく認識することができる。それこそが、異質な者同士がともに生きるために何よりも大切なことであり、国際平和を実現するためにも不可欠な条件なのである。

終　章

日米文化のゆくえ

　価値観のシステムとして調和を保とうとする CTR は、一方で常に部分的に変化している。そしてその新しい変化に CTR システム全体が調和しようとするために他の CTR にも微妙な変化が生まれたりする。本書で取り上げた日米の対照的な CTR の中にも、この数十年の間にかなり変わったものがある。

　まず日本について、例えば『集団志向』の CTR が幾分弱くなったようだ。1970 年代の日本人は職場、親戚とも、何かにつけて相談したり、助け合えるような「全面的なつき合い」がいいと回答した人が過半数であったが、30 年以上経った 2008 年の調査では、それぞれ 39％、35％ に減少している。その一方、職場では仕事に直接関係する範囲での「形式的なつきあい」がいいと思う人は、11％ から 24％ に増え、親戚についても一応の礼儀を尽くす程度の「形式的なつきあい」がいいとした人が 8％ から 22％ に増えている。[1]

　『形式志向』についても、「男は外で働き、女は家庭を守るべきだ」という、生き方を一定の型にはめようとする固定観念は日本で弱まりつつある。若者を対象にした国際調査[2] では、こうした固定的な性別役割分担に賛成する割合は 1977 年には 50.4％ だったが、2007 年には 20.6％ にまで減少し、アメリカの若者の 18.2％ に近づいてきた。NHK による世論調査 (2010)[3] でも、成人男性の家事時間が現在の調査方式を採用した 1995 年以降、平日と土曜日で増加傾向にあり、女性は、各曜日とも減少傾向にあることがわかった。結婚そのものについても、「するのが当然」と答えた日本人は全体で 1993 年には 45％ だったが、2008 年には 35％ にまで減少し、子供についても「結婚したらもつのが当然」が 54％ から 45％ に減った。20 代の女性に限ってみれば、「必ずしも結婚する必要はない」と考える人の割合が 1993 年の 75.5％

[185]

から 2008 年には 89.9％ にまで増えている。[4] ちなみに、女子に受けさせたい教育程度についても、「高校まで」が 1973 年の 42％ から 2008 年には 13％ まで減少し、逆に「大学まで」が 22％ から 52％ にまで増加している。[5]

頑張ろうという『緊張志向』のCTRについても、1973 年には最も多くの日本人（35.7％）が「余暇も時には楽しむが、仕事のほうに力を注ぐ」を選んだが、2008 年には 21.4％ に減り、その一方で 1973 年には 20.9％ だった「仕事にも余暇にも、同じくらい力を入れる」が、2008 年には最も多くの人に選ばれて 34.9％ に増加した。[6] かって美徳とされた「勤勉」が経済摩擦による外圧で批判されると、官庁や企業主導で休日が増え、国民の意識も仕事志向から余暇との両立志向へと徐々に変化してきている。

アメリカのCTRも徐々に変化している。例えば『対等志向』について言えば、訴訟になった場合に、謝ったことで責任を問われることを恐れて、大事なことではめったに謝ろうとしなかったアメリカ人だが、当然謝るべき場面で謝らないことで、被害者の怒りを駆り立て、ますます訴訟が増える傾向にあった。医療の分野ではそれが問題になって"I'm sorry laws"（＝謝罪法）なるものが誕生し、2011 年現在で 36 の州で適用されている。[7] これは医療現場で予期せぬ事態が起こったとき、医者や看護師などが謝罪したからといって、あとでそのために不利になることはないというものである。日本人でもアメリカ人でも、謝るべきときは謝ってほしいという気持ちに変わりはない。

アメリカ文化の基本的な理念として自由や平等が挙げられるが、この 2 つ

1　NHK 世論調査部（2009）「日本人の意識変化の 35 年の軌跡（2）」『放送研究と調査』2009 年 5 月．pp. 8–9．

2　内閣府（2007）「第 8 回世界青年意識調査」
〈http://www8.cao.go.jp/youth/kenkyu/worldyouth8/html/mokuji.html〉

3　NHK 世論調査部（2010）「日本人の生活時間・2010」『放送研究と調査』2011 年 4 月．pp. 7–9．
〈http://www.nhk.or.jp/bunken/summary/research/report/2011_04/20110401.pdf〉

4　NHK 世論調査部（2009）「日本人の意識変化の 35 年の軌跡（1）」『放送研究と調査』2009 年 4 月．pp. 5–7．

5　同上．p. 16．

6　NHK 放送文化研究所（2009）「『第 8 回　日本人の意識・2008』調査」p. 14．
〈http://www.nhk.or.jp/bunken/summary/yoron/social/pdf/090213.pdf〉

7　PVW LAW（2013）"I'm Sorry" Legislation and Medical Malpractice Liability.
〈http://www.pvwlaw.com/legal-articles-and-information/health-care/nebraska/im-sorry-legislation-and-medical-malpractice-liability/〉

の両立がなかなか難しいことも変化の原因になっている。つまり、平等な機会を与えられて自由に競争するのが理想なのだが、現実に自由に競争させてみると機会は強者に集中し、弱者はますます不利な立場に追い込まれがちである。そこでアメリカでは機会の平等から結果の平等に視点を変え、"Affirmative Action"（＝積極的優遇措置）[8]として少数民族や女性などの弱者に有利な機会を与え始めた。すると今度はそれが自由な競争を妨げる逆差別だとして糾弾を受ける。今日のアメリカでは、『対等志向』のCTRと『自由志向』のCTRがせめぎ合っていると言えよう。

　CTRの変化は必ずしも進歩や改善であるとは限らない。変化の方向が他のCTRと矛盾する場合もあれば、外圧による一時的なもので必然性がない場合もある。大切なことは、そうした変化への動きの本当の原因や理由と、CTRシステム全体との関係を見極めたうえで、望ましいCTRを積極的に選び取っていく勇気と主体性である。

　時代の変化に対応して、自分も変化しなければいけないとわかっていながら、無意識のうちに古いCTRに引きずられてしまう場合がある。例えば、『謙遜志向』と『調和志向』のCTRから生まれ、『形式志向』のCTRに従って続いている日本の中元・歳暮。あるいは今年も型通りにしなければという『形式志向』のCTRと、年末に頑張ったことを示すだけで誠意が認められるはずだという『緊張志向』のCTRが無意識に働いて書く年賀状。

　CTRはまた、過度に適用されてマイナスに作用することもよくある。例えば『謙遜志向』と『依存志向』のCTRが作用した宴席でのお酒の注ぎ合い。根底には自分がお酒のような貴重品を自分に注いではいけないという「へりくだり」の意識がある。相手に注げば相手を畏れ敬っていることになる。だから部下はビール瓶を片手に中腰でペコペコ挨拶をしながら上司ににじり寄る。上司は満杯のグラスに口をつけて少し飲んだだけでグラスを差し出し、部下はその分だけほんの少し注がせてもらう。日本酒の場合は、上司は注いでもらった盃を飲み干してから2、3度振って返盃する。部下はまた畏れ多い様子で頭を下げ、同じ盃に注いでもらった酒を飲む。不潔な喜劇である。隣に座った同僚同士でも、酒を注ぎ合い、原則として自分で自分の盃に注いではいけない。隣の人に手酌をさせてしまうようでは、気配りができていな

　8　この言葉は1961年ケネディ大統領の"Executive Order（＝行政命令）10925"の中で初めて使われた。

い証拠で、気が利かないダメな人間なのである。皆が会費を積み立ててきた宴会でもそうなのだ。こんな馬鹿げたことをいったいいつまで日本人は続けているつもりなのだろう。

　だからといって日本人の謙遜そのものを否定しているわけではない。それどころか謙遜こそ日本文化の根幹となる特質であり、世界に誇るべきCTRだといえる。なぜなら人格、つまり人間の品格とは、本能に突き動かされて行動する動物と違い、理性や知性で本能をコントロールすることで保たれるからである。動物の世界は、言うまでもなく自分の力を誇示し合って闘う本能の世界である。雄ライオンはたてがみをなびかせて雄叫びを上げる。自分の群れの雌を奪おうとする雄が来れば、命がけの戦いをするしかない弱肉強食の世界だ。アメリカの「対等」を重視する競争社会には、どことなくそんな強い者勝ちのイメージが重なる。和を大切に謙遜し合う日本とは基本的に違う。謙遜するライオンなど、見たことがない。

　本能をコントロールする人間が作り出した文化、文明として、どちらが人間らしいかと言えば、日本文化の方ではないだろうか。銀行でも郵便局でも、マクドナルドでも、入ったとたんに「いらっしゃいませ」という笑顔が迎えてくれる日本は、アメリカ人も絶賛する。ニューヨークの郵便局で、列に並んで待たされたあげく、面倒くさそうに"Next!"と呼ばれたときは、まるで囚人になったような気がした。アメリカでは日本のようにお客様は神様ではない。対等なら、確かに"Next!"かもしれない。対等なのに笑顔でサービスしてほしいなら、特別なことを要求しているのだからチップをくれということになる。

　このチップの習慣だけは、日本に取り入れたくないものである。どうせ同じ時間仕事をするなら相手に気持ち良く過ごしてもらおうという気持ちまでお金に換えてしまう味気なさは見習いたくない。おもてなし精神を生み出す『謙遜志向』のCTRや、どうせするなら相手に喜ばれる接客をしようとする『緊張志向』のCTRを、アメリカに輸出してあげたいくらいだ。

　アメリカのCTRが生み出す課題もいくつかある。『主張志向』のCTRが適用されすぎて、対立のないところにすら対立を作ってしまう訴訟社会。権利を尊重するあまり、2億丁ともいわれる銃を野放しにして招く暴力犯罪社会。『自立志向』のCTRが強すぎて、判断力もないまま突き放され、まともに育たない非行少年たち。どんな病気になったとしても、それは自己責任だという自主独立の感覚が、医療保険制度改革を遅らせている。『自由志向』の

CTRが強すぎるための放縦、無秩序、無責任。そして多数の精神分析医を必要とする過当競争社会。さらに、アメリカの弱点とされる麻薬の蔓延、極端な貧困、失業、疾病等の現象にも、アメリカのCTRが一因として過度に作用していることは確かである。

どこかのCTRをそのまま真似すればよくなるというものではない。アメリカのいいところだけを見て、何でもアメリカに合わせようとするのは愚かなことである。理想と思えるCTRでも、過度に適用されたり、他のCTRと矛盾したりすれば、それはマイナスに作用してしまう。一つ一つのCTRだけを考えるのではなく、CTRシステム全体を客観的な立場で見直してみようとする姿勢が大切だ。主張も、自立も、自由も、やはりほどほどが大切なのである。

本書で見てきたように日米のCTRは対照的なものが多い。その限りでは、日米がお互いのCTRから自分にないものを学び合うことはいいことであり、大切なことである。最も屈辱的な敗北は文化の敗北だといわれるが、人類の発展は勝ち負けではない。日本について言えば、たとえ日本文化の中で今まで変わらずに続いてきたものがアメリカ風に変わったとしても、それは必ずしもアメリカに敗北したことではない。外圧で無理やり変えさせられたという場合でも、内実は以前から日本人自身が変えたかったのに、変革に伴う摩擦や不安のために誰も猫の首に鈴をつけようとはしなかったというような経緯があれば、それは敗北ではなく発展である。

すべてアメリカの物差しで日本を測れば、日本が劣って見えるのは当然である。アメリカとの接触が多く、アメリカに詳しい人がしばしば最も日本文化に劣等感を持っているのはそのせいである。日本のマス・メディアにも、「アメリカではすでにこうだが、日本はまだ遅れている」といったたぐいの情報が溢れており、意識のうえでは日本人全体がアメリカ化されつつあると言っていい。

しかし日本はアメリカではない。土地の広さや人口密度、気候や天然資源の量、それに民族の多様性など、どの1つを取ってみても、しょせんアメリカの真似はできないし、する必要もない。日本人は働きすぎだと言われてきた。個性がないと言われてきた。いい年の大人まで甘えていると言われてきた。だからといって『緊張志向』のCTRや『調和志向』のCTR、あるいは『依存志向』のCTRを簡単に返上していいものだろうか。額に汗して頑張って働くことで真実のもの、善いもの、美しいものを創造する無上の喜びもあ

る。調和のために我慢し合うことで集団が力を発揮する場合もあれば、甘えが人間関係の潤滑油になる場合もあるのだ。

　BBCが2005年から行っている国際世論調査[9]で、「世界によい影響を与えている国」として、2012年には世界の主な17か国中のトップに日本が選ばれ、アメリカは8位だった。2013年にはトップの座をドイツに譲って、カナダ、英国の次の4位となったが、アメリカは8位のままだった。いずれにしても、日本は世界の人たちからアメリカよりも良い影響を与えていると評価されているのである。つまり日本人が作り出す製品や、日本の文化が世界の人たちから高い評価を受けていることを忘れてはならない。例えば自動車について言えば、アメリカで大きな影響力を持つ消費者団体の専門誌 *Consumer Reports* が毎年発表する、世界で最も信頼できる車のランキングで、日本車はこの10年以上、上位を独占してきた。2013年にも、トップ3を"Lexus"、"Toyota"、"Acura"という日本車が占め、10位までに日本車が7つ入っている。[10] 英語で"green car"と呼ばれる環境対応車では、トヨタのハイブリッド車がトップを独走してきたが、ホンダが燃料電池車で、日産や三菱が電気自動車で追い付こうとしのぎを削っている。『自然志向』の日本ならではのことだ。ぶつかったときを想定する『悲観志向』が生み出した安全車としても、世界で初めて衝突軽減ブレーキ装置"CMBS"（Collision Mitigation Brake System）を搭載したのは、ホンダのインスパイアだった。自動車だけではない、情報家電や工作機器でも、素材産業やロボット産業でも、日本の高度な最新技術が世界から極めて高い評価を得ている。

　日本の文化についても、最近は"Cool Japan"として、さまざまなものが改めて脚光を浴びるようになったが、それ以前から日本に来た外国人が感心したものはたくさんあった。礼儀正しさ、時間に正確なところ、清潔な暮らし方、相手に対する細やかな配慮や思いやり、人を裏切らない恩や義理人情の感覚、ものを拾っても届け出る正直さ、夜でも外を歩ける治安の良さ、異なる宗教にも敬意を払ってくれる寛容さ、外国人にも分け隔てをしない親切さ、繊細な美意識が生み出すマナーの良さ、外国のものを上手く取り入れる柔軟性、地位や財産の横暴を許さない公正さ、四季折々の自然の美しさ、侘寂

---

[9] BBC (2013) BBC poll: Germany most popular country in the world.
⟨http://www.bbc.co.uk/news/world-europe-22624104⟩

[10] Consumer Reports (2013) Most reliable new cars.
⟨http://www.consumerreports.org/cro/2012/10/most-reliable-new-cars/index.htm#⟩

の感性、宅配便の便利なサービス、連帯感をもって協力して仕事をやり遂げようとする姿勢、暴動やストライキで混乱したりしないこと、体に良くおいしい和食、なだらかで優しい日本語の響き、自然と調和する素朴で洗練された茶華道、穏やかで美しい響きの日本国歌、振り袖姿の女性の美しさ、等々。

さらに 2013 年に OECD から結果が公表された「国際成人力調査」(Programme for the International Assessment of Adult Competencies: PIAAC)[11] によれば、調査対象となった 24 か国・地域のうち、読解力でも、数的思考力でも、コンピューター調査による IT を活用した問題解決能力についても、日本が第 1 位を独占した。学歴との関係では、日本の中卒者の読解力は、アメリカやドイツの高卒者よりも高いことがわかった。それなのに若者を対象にした国際意識調査[12]で、自国が誇れるものとして複数回答で「教育の水準」を選んだアメリカ人が 40.0% いたのに対して、日本人は 11.4% しかなかった。しかもその数値はこの質問が初めて登場した 1977 年の 32.3% から、調査をするごとに下がってきている。「日本人についてどう思いますか」という項目では、あてはまる言葉（複数回答）として最も多くのアメリカ人が選んだのが「知的」(57.3%) だったが、日本人の自己評価では 12.8% だけだった。

日本人は、まずこの日本に住む日本人であることに、もっと自信と誇りを持つべきだ。そのうえで、さらにさまざまな異文化の CTR から多くのことを学びながら、日本の風土や伝統に根ざし、かつ 21 世紀の人類社会の発展に寄与できる普遍性も兼ね備えた、日本独自の CTR システムを自らの手で常に新しく創造し、それを世界に発信していく必要がある。それができてこそ、地球規模での新たな世界秩序の形成に、日本人として積極的な役割を果たすことができるのである。

11　OECD による国際調査で、今回初めて、約 15 万 7 千人を対象に実施された。概要は
〈http://www.mext.go.jp/b_menu/toukei/data/Others/__icsFiles/afieldfile/2013/10/08/1287165_1_1.pdf〉に掲載。

12　内閣府（2007）「第 8 回世界青年意識調査」
〈http://www8.cao.go.jp/youth/kenkyu/worldyouth8/html/mokuji.html〉

おわりに

　本書では日本とアメリカの文化の背景にある価値観を CTR としてとらえ、両者の違いを浮き彫りにしたが、こうした日米比較の限界は、日米に共通する CTR が見えてこないことである。実際には似ているもののほうが違うものよりも多いかもしれないが、それが世界の常識として通用するかどうかを知るためには、日米以外の文化の CTR との比較が必要になってくる。例えば、ファースト・フード・レストランは日米ともに大盛況である。日本とアメリカだけを見ていると、食事にいつも長い時間をかけるのは効率が悪くて時代遅れの習慣のように思えてくる。しかしヨーロッパの多くの国々から見ると、ハンバーガーをコーラで流し込む昼食など、余裕のない貧しい習慣にすぎないのだ。スポーツでも、日米しか見ていないと、野球が世界中で楽しまれている競技のような気がするが、競技人口は日米以外にはほんの少しにすぎない。

　あるいは、「死刑制度」について、内閣府が 2009 年に行った世論調査では、日本人の 85.6％ が「場合によっては死刑もやむを得ない」と考えており[1]、アメリカでも、2012 年に Gallup が行った電話によるインタビュー調査によると、63％ が存続に賛成している。[2] こうした日米の数字を見ている限り、死刑制度はもっともなもののように思えてしまうが、2013 年現在、いわゆる先進国の中で死刑制度を存続させているのは日本とアメリカの 32 州だけなのである。

　さらに選挙での投票についても、日米ともに任意の行為だが、2013 年に行われた日本の参院選では、投票率は 52.61％ でしかなく、2012 年のアメリカ大統領選の投票率も、57.5％ にすぎなかった。[3] 日本では、都市部の 20 代の

　1　法務省（2010）「死刑制度に関する内閣府（総理府）世論調査の結果
〈http://www.moj.go.jp/content/000053168.pdf〉
　2　GALLUP Politics（2013）U.S. Death Penaty Support Stable at 63％.
〈http://www.gallup.com/poll/159770/death-penalty-support-stable.aspx〉
　3　abc15 Taking Action: Election results 2012.
〈http://www.abc15.com/dpp/news/national/election-results-2012-voter-turnout-lower-than-2008-and-2004-report-says〉

男性の投票率が通常最も低いのだが、そうした若者も含めて、すべての国民に投票を義務化すれば、政治への参加意識が高まり、文字通り国民のすべての声が政治に反映されるのではないか、というような考えは、日米だけを見ていては生まれにくい。しかしオーストラリアでは国政レベルの選挙で正当な理由なく棄権すると罰金を課せられる強制選挙制をとっているために、投票率はほとんど常に90％を超える。

　日米が共有しているCTRを客観視してさらに視野を広げるために、今後他のさまざまな文化について造詣の深い方々が、世界の多様な文化のCTRを明らかにし、それぞれの文化が持つ独特の価値体系と人間の多様さを浮き彫りにしてくださることを願っている。

　最後に、この改訂版出版の企画を進めてくださった出版部の津田正氏と、細部にわたり数多くの貴重な指摘をしてくださった編集部の大谷千明氏に、心からお礼を申し上げたい。

　そして何よりも、妻一子の支えと、離れていてもいつも近くにいてくれる2人の娘、知美、真実、それに4人の孫、恵治、愛実、結実、翔一朗の笑顔が、この本を書く元気を与えてくれたことをここに記して、感謝の気持ちを伝えたい。ありがとう。

　　　2013年11月

　　　　　　　　　　　　　　　　　　　　　　　　　松　本　青　也

索　　引

〈ア行〉

挨拶　15, 18, 48, 51–52, 81, 90, 94, 99, 109, 114, 154, 167, 187
相づち　71
握手　8, 15, 18, 38
甘え　20, 39, 40–43, 113, 120, 143–144, 189–190
アメリカン・ドリーム　78, 90, 129
アルバイト　39, 120
安全志向　90, 176
畏敬　8, 15–17
異質　5, 35–36, 108, 125, 129, 157, 183–184
「異質なものに触れさせる」　169–174
『依存志向』　38–46, 143–144, 187, 189
イデオロギー　iii, 86, 115, 124, 146, 175
移民社会　129
医療保険制度改革　188
インターネット　168, 174
「内」と「外」　25
英語学習　144, 148, 165
　　ICT を活用した——　168
英語教育　144, 148
　　——改革　159
　　学校——　158–174
英語教師　33, 144, 147–148, 159–161, 163, 165–166, 174
英語公用語化　150
英語支配　148, 157
エスペラント　152
贈り物　19, 68, 183
お辞儀　8, 12, 15–16, 18, 38, 58, 125
おもてなし　16, 188
親子　26, 80
オリンピック　16, 102–103, 107–108
恩　27–29, 53, 125, 190

〈カ行〉

外国語　35, 142–143, 146–147, 156–157, 161, 163, 167, 169–171
外国語学習　156–157, 167
外国語教育　143, 164, 169–173
外来語　142
科学と宗教　134–135, 138
画一　54–56
画一化　35, 122
隠し事　31–33
学習指導要領　106, 119, 143, 145, 146, 159–160
隠す　67–69
家族　4, 9, 12, 13–14, 25–26, 29, 36, 45, 58, 115–118, 124
型通り　47–53, 56, 99, 113–114, 119, 144–145, 187
学校教育　12, 106, 119–120, 150, 165–166, 169, 174
可愛がる　39, 40, 43–44, 46
感情　63, 67, 69, 87–88, 113, 136, 157
感情主導　85–86
頑張る　101–105, 183
慣用表現　52
機械翻訳　155–156, 161–162, 169
規格化　50
帰国子女　37, 46, 144, 146, 165
帰属意識　26
寄付　30, 34
決まり文句　1, 51, 93, 96
義務　28, 73–75
9.11 同時多発テロ　iii, 138
教育基本法　169–170
協調性　24, 44, 119
義理　28, 114, 190
キリスト教　34, 72, 85, 86, 130–132,

[195]

135, 137–138, 169
規律　35, 56–58
『緊張志向』　98–109, 146–147, 186–189
具象　81
グローバル化　123, 147, 156, 169, 178
敬語　9, 12, 17, 120
経済協力開発機構（OECD）　29, 95, 104, 106, 176, 191
『形式志向』　47–60, 185, 187
契約　56–57, 69, 76
血液型　60
けなす　90–91
言語教育　166–167
言語の衝突　141, 162
謙遜　iii, 9, 10, 11, 16, 17, 120, 124
『謙遜志向』　8–22, 141, 187–188
謙遜の美徳　12, 20, 124
現地語　154–155
権利　26, 29, 62, 73–75, 90, 128–129, 137, 148, 151, 155, 188
語彙　1–2, 145, 152–153
肯定　92–93
合理主義　86, 106–107
国際英語　153–154
国際成人力調査　191
国際調査における翻訳　178–179, 182
国際理解　164, 173–174
『個人志向』　23–37
個人主義　24, 29
個性　4, 27, 36, 42, 49, 53, 54–56, 58, 91, 119, 151, 189
子育て　82, 115
コミュニケーション
　異文化（間）――　5, 17
　国際――　v, 147–157, 162–163, 183
　――能力　144, 159–162, 166–168, 173–174
根性主義　106–107

〈サ行〉

罪悪　85, 105

裁判員制度　128
茶道　47, 53, 113–114
サマー・タイム　→夏時間
『弛緩志向』　98–109
死刑制度　193
自己紹介　26, 35
自殺　26, 92, 102
自助　40–43, 121
『自然志向』　78–89, 146, 190
自尊心　8–12
親しさ　8, 15–16, 45
しつけ　43, 58, 82, 122
司法取引　34
謝罪　17–18, 33, 108
謝罪法　186
宗教　4, 23–24, 28, 34–35, 86, 130–140, 169, 190
『自由志向』　47–60, 187, 188–189
終身雇用　24, 83
『集団志向』　23–37, 80, 143, 185
銃犯罪　75
受験　21, 55, 105–106, 120
『主張志向』　61–77, 188
出産　59, 80
障がい者　42
障がいを持つアメリカ人に関する法律（Americans with Disabilities Act: ADA）　42
状況依存　64
上下関係　9, 22
少年犯罪　106
ジョーク　81, 95, 98–101
食文化　79
自律　29–30
自立　26, 42, 45, 46, 127, 129, 189
『自立志向』　38–46, 188
『人為志向』　78–89
人工語　152–153
人種　22, 23, 25, 36, 60, 129, 169, 177–178
人種的偏見　164

ステレオタイプ　115, 177
スポーツ　27, 51, 59, 102–104, 105, 106–107, 108, 193
住まい　79–80
相撲　59, 68, 104, 113, 125–126
正義　iii, 27, 72, 137–138
歳暮　→中元・歳暮
尊厳死　42

日本語教育　146, 149–150
日本語と英語の衝突　141–157
入試　55, 120, 144, 158, 159, 161, 164–165, 174
人間関係　13, 28, 38, 40, 61, 71, 124, 128, 190
根回し　20, 27, 63, 120
年功序列　22, 83, 124
年齢　2, 4, 12–13, 22, 49, 54–55

〈タ行〉

『対等志向』　8–22, 186–187
大麻　57–58
タテ　12–14, 21–22, 113, 120
建前　30, 54, 69–70, 159
煙草　58, 65–66
多文化共生　143, 155, 167
多民族　128
多様性　36, 49–50, 151, 173, 177, 189
男女の平等感　14
男尊女卑　13, 58
中元・歳暮　19, 65, 187
町内会　27–29
調和　35, 65, 67–68, 124, 185, 190, 191
『調和志向』　61–77, 80, 145, 187, 189
罪　33–35
強さ　44–45
定型　56
定型詩　48
定型表現　2, 52, 144
同質　35–36
同時通訳　155
　——システム　162
同質性　35, 170
　単一民族の——　115
同性愛　57–58
道徳　34–35
独立宣言　90, 128
土下座　11, 16, 17–18

〈ナ行〉

夏時間　82

〈ハ行〉

俳句　48, 81
恥　32, 33–35, 113–114
犯罪　33, 46, 181, 188
犯罪率　35, 57, 176
阪神・淡路大震災　28, 102–103
東日本大震災　iii, 28, 31, 57
『悲観志向』　90–97, 182, 190
卑屈　17, 18–19, 164
否定　11, 55, 92–93, 151, 183
標準　49–50, 55
平等　42, 54, 124–125, 128, 147–149, 151–157, 186–187
夫婦　14, 25, 43, 51, 59, 87, 95
福島第一原発事故　iii
プライバシー（privacy）　23, 31–33, 36, 113, 142
文化的特質　178
文化変形規則（CTR）　v, 1–5, 112, 158, 173
　——研究における客観性　175–176, 180
　——研究の意義　183–184
　——システム　112–114, 123–129, 154, 185, 187, 189, 191
　——による変形　3
　——の形成　114–123
　——の調査方法　181–182
文法規則　1, 2, 145, 153
へりくだり　8–12, 109, 114, 120, 149, 173, 183, 187

変形生成文法　3
偏見　164, 178
法律　56–58, 129
保険制度　95, 124
ほめる　20, 55, 90–91
ボランティア（volunteer）　24, 27–29, 142
本音　20–21, 26, 69–70

〈マ行〉

まじめ　98–101
マス・メディア　30–31, 33, 115, 121–123, 125, 152–153, 178, 182, 189
ムード　31
名刺　12, 15–16
もてなし　4, 16, 109, 188
模倣　53, 178

〈ヤ行〉

野球　51, 106–107, 108, 113, 193
優しさ　44–45
ヨーロッパ　128, 131, 193
ヨコ　12–13, 22
弱腰外交　65

〈ラ行〉

『楽観志向』　90–97
リーダー　27
離婚　25, 51, 56, 95
リッカート尺度　126, 176

良心　34
論理主導　85–86
論理的　63–64, 85–86, 134, 167

〈ワ行〉

和食　79, 81, 191
侘寂　81, 190
湾岸戦争　152

〈欧　文〉

ALT (Assistant Language Teacher)　60, 163, 172
CTR (Cultural Transformational Rule) →文化変形規則
eye contact　15
hospitality　16
ICT (Information and Communication Technology)　168, 174
I'm sorry laws　→謝罪法
individualism　29
OECD (Organization for Economic Co-operation and Development)　→経済協力開発機構
PBS (Public Broadcasting Service)　30
Public Speaking　68
Show and Tell　67
stock phrase　51
TOEFL　147
TOEIC　150, 160, 168

〈著者紹介〉

松本青也（まつもと・せいや）
愛知淑徳大学名誉教授．文学博士．
米国コロンビア大学大学院修了（応用言語学修士），米国ハーバード大学客員研究員（1982–83）．外国語教育メディア学会副会長・中部支部長（1999–2004）．
愛知淑徳大学大学院グローバルカルチャー・コミュニケーション研究科長，コミュニケーション学部長，交流文化学部長を歴任．
著書に，*Sunshine English Course*（文部科学省検定英語教科書・共著・開隆堂出版），『ネットで楽しく英語コミュニケーション』（編著・大修館書店），『英語は楽しく使うもの』（朝日出版社），『コミュニケーション学入門』（共著・ナカニシヤ出版）など．

新版 日米文化の特質
価値観の変容をめぐって

2014年4月5日 初版発行

著　者	松本青也
発行者	関戸雅男
印刷所	研究社印刷株式会社

KENKYUSHA
〈検印省略〉

発行所　株式会社　研究社
http://www.kenkyusha.co.jp

〒102-8152
東京都千代田区富士見2-11-3
電話（編集）03(3288)7711(代)
　　（営業）03(3288)7777(代)
振替　00150-9-26710

Ⓒ Seiya Matsumoto, 2014
装丁：高橋良太（ヒップスター）
ISBN 978–4–327–37735–9　C3036　Printed in Japan